퇴사준비생의 도쿄 2

[일러두기]

- 지명, 인명, 상호 등의 표기는 외래어 표기법을 따랐으나
  몇몇 예외를 두었습니다.
- 국내에 소개되지 않은 책, 제품, 브랜드 등 일부는 의미를 살리기 위해
  번역하지 않고 원어로 표기했습니다.
- 환율은 1달러는 1,300원, 100엔은 1,000원으로 환산했습니다.
- 회사나 브랜드의 상황에 따라 매장 운영방식을 변경했거나
  폐점했을 수 있습니다.

퇴사준비생의 도쿄 2

시티호퍼스 지음

어떤 여행의 끝에선
없던 행동이 피어납니다

여행이 우리를 떠났습니다. 그래서 한동안 우리는 여행을 떠날 수 없었죠. 그렇게 돈, 시간 그리고 마음만 있으면 여행을 떠날 수 있다는 상식이 무너졌습니다. 하지만 긍정적인 효과도 있었어요. 코로나19 팬데믹으로 여행에서 멀어지자 여행이 다시 보이기 시작한 거죠. 마치 집을 떠나야 비로소 집의 소중함을 깨닫게 되듯이요.

여기서
행복할 것.

언젠가 김민철 작가의 《모든 요일의 여행》을 읽다가 마음이 쿵, 머리가 쾅 거리면서 수집한 문구입니다. 와, 여행은 '여기서 행복할 것'의 준말이라뇨. 여행이 떠나버린 상황에서, 이보다 적절할 수 없는 정의를 다시 꺼내 들었습니다. 그리고는 주문처럼 되뇌었죠. 여행이 별거 있냐고. 여행을 떠나지 않아도, 여기서 행복하자고. 그게 바로 여행이라고. 하지만 이내 여행이 그리워졌습니다.

이유는 두 가지. 하나는 그 책을 읽었을 때와 전제가 달라졌습니다. 어느 곳이든 갈 수 있는 상황에서 어디에 있건 여기서 행복하자는 것과, 어느 곳도 갈 수 없으니 여기서 행복하자는 건 차이가 있었죠. 또 다른 하나는 행복에도 종류가 있기 때문입니다. 행복은 하나로 정의된 감정이 아닙니다. 그래서 행복을 느끼는 순간은 다양한데, 코로나19 팬데믹으로 인해 상실한 행복이 생겨났죠. 그렇다면 여행이 우리를 떠난 시기에 퇴사준비생들은 어떤 행복을 잃어버렸고, 또 찾고 싶었던 걸까요?

일상과 멀어지는 행복을 찾아서

일상은 소중합니다. 먹고사는 일, 사회적 관계 등의 일상이 없다면 행복에 구멍이 날 수도 있죠. 하지만 때로는 쳇바퀴 도는 듯한 그 일과 관계가 일상을 압박해 오기도 합니다. '테트리스'의 블록을 없애는 것처럼 계속되는 일과 관계를 해결해야 하는데 몇 개를 삐끗할 경우 게임과 마찬가지로 운신의 폭이 좁아지니까요. 이럴 때 필요한 게 정지 버튼입니다. 일상을 잠깐 멈추고 한 발짝 떨어져 보는 거죠.

여행은 이러한 일상과의 거리를 만들어 줍니다. 일상에서 멀어진 덕분에 시간의, 생각의, 그리고 마음의 숨 쉴 틈이 열립니다. 물론 언제 어디서든 연결될 수 있는 통신 기술로 인해 완전히 단절되기는 어렵죠. 하지만 여행을 떠나면 시간의 용도와 밀도 그리고 속도마저 달라져 여기서 행복할 수 있을 여지가 생깁니다. 또한 일상과의 거리를 두게 되니 일상에 대한 애정을 잃지 않을 수도 있고요.

우연과 마주치는 행복을 찾아서

돌이켜보면 여행의 묘미는 늘 계획에 없던 순간에 찾아왔습니다. 뜻대로 짠 일정을 숙제하듯 소화할 때가 아니라, 뜻밖의 상황을 느닷없이 마주칠 때였죠. 예정에 없던 대화, 있는지도 몰랐던 공간, 상상하지 못했던 이미지, 들어본 적 없는 메시지 등 여행에서 우연이 끼어들 때 여기서 행복하다는 감정이 반짝였습니다. 여행이 주는 선물이자, 계획할 수 없었기에 더 소중한 여행의 조각들입니다.

물론 일상에서도 우연이 끼어들 여지가 있습니다. 하지만 여행을 떠나면 우연을 마주칠 확률이 더 올라갑니다. 특히 떠나는 곳이 해외라면 더 그렇죠. 도시마다 생활 방식,

소비문화, 소득 수준 등이 다르기 때문입니다. 그래서 해외 도시에 가보면 뻔하다고 생각했던 것들이 뻔하지 않게 펼쳐져 있습니다. 그렇게 공간이 바뀌면 '평소와의 다름'을 보고, 듣고, 느끼고, 경험할 수 있기에 여행에서 우연과 마주칠 가능성이 높아지는 거죠.

고수와 공명하는 행복을 찾아서

우리는 여행을 떠난다고 말합니다. 하지만 여행은 떠나는 게 아니라 돌아오는 겁니다. 그래야 여행이 성립하죠. 결과적으로 제자리로 온 건데, 신기하게도 여행을 떠나기 전과 다녀온 후의 자신은 달라져 있습니다. 한 뼘쯤 더 성장해 있다고나 할까요. 이유가 뭘까요? 세상은 넓고 고수는 많은데, 여행을 하면서 직간접적으로 이 고수들과 공명하기 때문입니다.

이해를 돕기 위해 《슬램덩크》를 예로 들어 볼게요. 주인공 '강백호'가 속한 '북산고'만 나올 때는 이 팀이 최고처럼 보입니다. 하지만 지역 예선, 전국 대회 등으로 무대가 커질수록 강호들이 계속 등장합니다. 이 과정에서 선수들은 선의의 경쟁을 통해 성장하죠. 마찬가지로 여행을 가면 더 큰 세상을 만납니다. 자기 분야와 직간접적으로 연결된

고수들이 만든 결과물들을 보면서 영감과 자극을 받죠. 성장의 행복을 느낄 수 있는 건 물론이고요.

여기서'도'
행복할 것.

코로나19 팬데믹 시대, 여행이 우리를 떠난 후 퇴사준비생의 관점에서 업데이트한 여행의 정의입니다. 여전히 여기서 행복한 것이 여행이지만, 행복의 상실감을 줄이기 위해선 여기저기를 다니면서 여기서'도' 행복할 수 있어야 했습니다. 아직 코로나 바이러스는 사라지지 않았지만, 다행히도 점진적으로 국경 간 빗장이 풀리며 여행이 다시 우리 곁으로 돌아오고 있습니다. 이제 다시 여행을 떠날 수 있으니 여기서도 행복할 수 있을까요?

한 가지 전제가 더 필요합니다. 어떤 전제가 있어야 하는지 알기 위해 JR^Japan Railway이 과거에 했던 광고를 한번 살펴볼게요. JR은 철도 회사로, 우리나라로 말하면 코레일과 같은 역할을 하는 곳이죠. 그렇다면 JR이 광고를 하는 목적은 무엇일까요? 당연히 기차 이용객을 늘리기 위함입니다. 방법은 둘 중 하나. 다른 교통수단의 승객을 빼앗거나, 여행을 가는 수요 자체를 늘리거나.

JR은 후자를 택합니다. 국내 여행을 할 때 사람들이 교통수단으로 활용하는 건 크게 비행기, 기차, 자동차 등 세 가지입니다. 그런데 어지간해서는 기존에 즐겨 타던 교통수단을 바꾸게 하기 어렵습니다. 행동패턴을 바꾸는 일이 쉽지 않아서죠. 그래서 JR은 기차가 더 빨라요, 더 편해요, 더 싸요 등을 강조하면서 시장 파이를 빼앗기보다 여행을 자극하는 광고를 제작합니다. 여행이 늘어나면 시장 점유율만큼 기차 이용객이 늘 테니까요.

이때도 두 가지 방법이 있습니다. 하나는 여행지의 멋진 풍경을 드라마틱하게 보여주는 겁니다. 이미지로 여행을 떠나고 싶게끔 하는 방식이죠. 또 다른 하나는 마음을 울리는 문구로 여행을 자극하는 겁니다. 텍스트를 통해 여행할 결심이 서게 하는 방식입니다. JR은 여기서도 후자를 택합니다. 그리고는 다양한 광고 시리즈를 선보이며 주옥같은 카피들을 쏟아냅니다. 그중에서 퇴사준비생에게 필요한 하나를 꼽아볼게요.

'모험이 부족하면 좋은 어른이 될 수 없어.'

좋은 어른이 되고 싶지 않은 사람은 아무도 없습니다. 하지만 시간이 흐른다고 좋은 어른이 되는 건 아닙니다. 다양한 세상과 만나며 더 넓게 생각하고 더 깊게 고민하면서, 외부와 유연하게 소통할 수 있는 자기다움을 만들어 나가야 합니다. 그래서 이 광고 카피는 여행이라는 모험을 부족함 없이 해야 한다고 말하는 거죠. 그리고 이 문구에 코로나19 팬데믹 이후 퇴사준비생의 관점으로 여행할 때의 전제가 담겨 있습니다.

여기서
행'동'할 것.

물론 전제가 없어도 여행 그 자체로 여기서 행복할 수 있습니다. 하지만 퇴사준비생이 여행을 할 때, 여기서 행복하기 위해선 여기서 행동할 수 있어야 합니다. 행동이라고 해서 대단한 걸 말하는 게 아닙니다. 현상의 뒷모습을 보기 위해 능동적이고 적극적인 자세로 여행을 하자는 뜻이죠. 퇴사준비생 시리즈를 통해서 반복적으로 강조하듯이, 무엇을 보는지보다 어떻게 보는지가 중요하고, 고민의 결과가 아니라 고민의 과정을 벤치마킹해야 하기 때문입니다. 그리고는 머릿속에만 넣어둘 게 아니라 자기 자신의 성장에, 그리고 미래에 응용할 수 있도록 행동으로 옮겨야 합니다.

경영철학	컨셉기획	사업전략	수익모델	브랜딩마케팅	고객경험	디자인

　　퇴사준비생의 관점으로 여행을 할 때 들고 다니는 7가지 렌즈입니다. 여행에서 방문하는 곳의 특성에 맞게 필요에 따라 이 렌즈들을 번갈아 끼면서 현상의 뒷모습을, 그리고 고민의 과정을 벤치마킹하려 합니다. 코로나19 팬데믹 이후 퇴사준비생의 첫 여행지는 도쿄입니다. 이유는 에필로그에서 설명할게요. 그렇다면 지금부터 도쿄로 모험을 떠나볼까요?

《퇴사준비생의 도쿄 2》를 이렇게 읽어보세요

☐

1. 7가지 렌즈 - 관점을 유연하게 더해 보세요

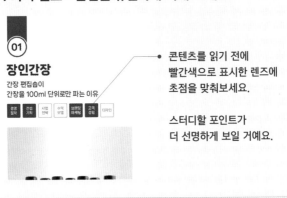

콘텐츠를 읽기 전에
빨간색으로 표시한 렌즈에
초점을 맞춰보세요.

스터디할 포인트가
더 선명하게 보일 거예요.

...

2. 이미지 각주 - 현장감을 생생하게 느껴 보세요

콘텐츠에 점으로 표시한 부분과
이미지의 점을 매칭해 보세요.

현장의 풍경을 보고 나면
설명이 더 와닿을 거예요.

브랜드 'GBL' 등을 입점시켰죠.

이 중에서 눈여겨볼 곳은 '스타벅스'예요. 스타벅스 미

야시타 파크점요. 인보 스트리트 패션의 성고자 '호지알라

3. 플러스 콘텐츠 - 호기심을 깊이 있게 채워 보세요

한 플래그십 매장, 그리고 새롭게 기획해서 런칭하는 매장
등이 대표적이에요. 그래야 온라인 시대에 사람들을 오프
라인 매장으로 불러 모을 수 있으니까요.

미야시타 파크의 상업시설인 '레이아드 미야시타 파크
RAYARD MIYASHITA PARK'도 이 암묵적인 공식을 충실히 따르고
있어요. 뉴욕에서 시작해 일본에 처음 소개되는 패션 브렌
드 '키스'[○] 매장, 킷캣 최초로 커스터마이즈 할 수 있는 플
래그십 팝업 매장인 '킷캣 쇼콜라토리'[○] '루이비통'의 첫 번
째 맨즈 플래그십 스토어, 지브리 스튜디오의 굿즈를 파는

NEW YORK
죽은 브랜드도 살려낸다. 슈프림을 잇는 콜라보 천재
키스

● 콘텐츠에서 소개하는
다른 매장이 궁금하면
QR코드를 스캔해 보세요.

〈시티호퍼스〉에서
더 자세히 볼 수 있어요.

4. 한정판 스티커 - 책을 재미있게 꾸며 보세요

● 노트북이나 다이어리에만
스티커 붙이라는 법 있나요?

'시티호퍼스'(@cityhoppers.co)
인스타그램을 팔로우하고
한정판 스티커 증정 이벤트
소식을 받아보세요.

차례

01

장인간장

간장 편집숍이
간장을 100ml 단위로만 파는 이유

경영 철학 | 컨셉 기획 | 사업 전략 | 수익 모델 | 브랜딩 마케팅 | 고객 경험 | 디자인

©장인간장

아이스크림에 간장을 뿌려 먹으면 어떤 맛일까요? 실험정신이 투철한 사람들이 만든 아이스크림이 아니에요. 도무지 어울리지 않을 것 같은 이 조합을 시도한 건 고급 아이스크림의 대명사 '하겐다즈'예요. 하겐다즈는 간장맛 설탕 점성소스를 넣은 호두맛 아이스크림 '미타라시 호두'를 2015년 2월에 겨울 시즌 한정판으로 출시했어요. 반응은 폭발적이었어요. 발매 2일만에 동이 나 그다음 겨울 시즌인 12월에 앙코르 한정판매를 진행할 정도였죠.

하겐다즈가 자극적인 입소문을 만들기 위해서 간장맛을 택한 걸까요? 그렇지도 않아요. 하겐다즈는 매년 겨울 세븐일레븐 편의점과 함께 '자포네Japonais' 시리즈를 출시하는데, 그 여섯 번째 에디션으로 간장맛 아이스크림을 내놓은 거예요. 자포네 시리즈는 일본의 맛을 아이스크림에 조화시킨다는 컨셉으로 2010년부터 시작되었어요. 콩가루, 팥 등 전통적인 맛을 아이스크림에 접목시키며 매년 인기리에 판매되는 한정판 아이스크림이죠.

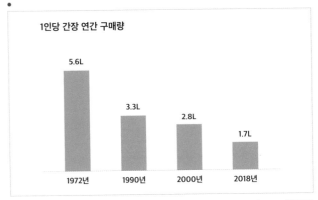

1인당 간장 연간 구매량

5.6L

3.3L

2.8L

1.7L

1972년   1990년   2000년   2018년

Source: 장인간장

하겐다즈가 자포네 시리즈로 간장맛 아이스크림을 선보인 건, 간장이 일본을 대표하는 맛 중 하나라는 것을 뜻해요. 하지만 역설적이게도 일본의 맛을 지키려는 이러한 노력은 전통의 맛이 정통성을 잃어가고 있다는 반증이기도 하죠. 실제로 일본인 식습관의 서구화로 인해 간장을 비롯한 전통장류 시장은 활기를 잃어가고 있어요. 1인당 간장 구매량은 1972년에 5.6L였는데 2018년에는 1.7L로 줄어들어, 45년여만에 1/3 수준으로 떨어졌을 정도예요.

시장이 줄어들 때 더 고전하는 건 중소업체들이죠. 대기업이야 자본력과 유통력이 있기 때문에 버틸 힘이 있어도, 간장 제조를 전업으로 하는 장인들은 그럴 여력이 없어요. 게다가 고객의 간장 구매 패턴도 중소업체들에게 불리하게 작용해요. 간장은 요리에서 빠질 수 없을 만큼 중요하지만 맛을 비교해가며 신중하게 고르는 재료는 아니에요. 그래서 브랜드와 영업에 대한 의존도가 높은데, 이 역시 간장 장인들이 경쟁력을 갖기 어려운 영역이죠.

간장 장인들의 한숨이 간장과 함께 숙성되고 있는 상황에서 그들이 어깨를 펼 수 있는 방법은 없을까요?

장인을 빛내는 '상인'

간장 장인들이 새로운 기회를 찾아 스스로 틀을 깨고 나오긴 어려웠어요. 그들은 간장을 만드는 데는 고집이 있었지만, 그만큼 유연하지 못했죠. 다른 양조장과의 교류도 불편해할 정도로 닫혀있었기 때문에 중소업체들 간의 판매 연합이라든지, 협업을 통한 신제품 개발이라든지, 관광 상품과 연계 등을 시도하며 활로를 찾는 것을 꺼렸어요. 그들이 스스로를 상인이 아니라 장인이라 생각하는 것은 간장 제조에는 중요한 역할을 하겠지만, 문제 해결에는 도움이 되지 않았어요.

간장 업계에 새바람을 불러일으킨 건, 제조회사 영업사원 출신의 상인인 '타카하시 만타로'예요. 그는 간장에 대한

· ·

전문성은 전무했지만 전통 산업과 지역 산업에 대한 관심
이 많았어요. 그래서 회사를 그만두고 사업을 준비하는 과
정에서, 일본 각지를 여행하며 만난 간장 장인들의 한숨에
공감할 수 있었죠.

　　또한 전통 산업에 관련된 사람들을 만나며 사업 아이템
을 고민하던 즈음, 온라인 쇼핑을 낯설어하던 어머니가 첫
번째로 온라인으로 주문한 품목이 간장이라는 것을 알게
돼요. 그는 어머니가 온라인 쇼핑을 시작하며 첫 번째로 주
문할 만큼 일상적인 제품이라는 점, 그리고 온라인 쇼핑 초
보자가 온라인으로 주문할 만큼 무차별적 제품이라는 점

에 주목하며 간장을 사업 아이템으로 정하죠.

간장에 대한 공부와 시장 조사를 한 후 그는 '장인간장 S-Shoyu'이라는 간장 편집숍을 만들었어요. 전국의 30개 남짓한 양조장에서 장인들이 만든 100여 종의 간장을 편집해 판매하는 거예요. 누구나 사용하는 일상의 조미료지만, 누구도 눈여겨보지 않는 간장을 취향의 영역으로 승격시키기 위한 목적이죠. '간장이 간장이지'라는 편견을 깨뜨리려는 시도이기도 하고요.

하지만 일본 전역에서 제조한 다양한 종류의 간장을 모아둔다고 해서 상황이 달라질까요? 혁신적인 신제품을 내

©장인간장

©장인간장

놓거나, 파격적인 가격으로 승부하거나, 대대적인 마케팅을 진행해도 고객의 구매 패턴을 바꾸기 어려운데, 간장을 모아둔 편집숍만으로는 변화를 일으키기가 쉽지 않죠. 그래서 그는 간장 편집숍에 명확한 컨셉을 입혔어요.

#1. 맛이 아니라 먹는 상황에 주목한다

간장이 아무리 맛있어도 간장을 마시는 사람은 없어요. 간장은 음식의 맛을 위해 곁들이는 조미료이죠. 그래서 장인간장에서는 간장의 맛이 아니라 간장을 '곁들이는 상황'을 중심으로 간장을 제안해요. 간장의 종류를 6개의 카테고리로 나누고, 카테고리별로 어울리는 음식의 종류를 설명하는 거예요.

예를 들어 볼게요. '타마리Tamari' 카테고리는 데리야끼 등에 잘 어울리고, '사이시코미Saishikomi' 카테고리는 붉은 사시미, 스테이크, 카레라이스 등에 적합하며, '우스쿠치Usukuchi' 카테고리는 야채처럼 재료 자체의 맛을 살리는 데 필요한 간장이라는 식이에요.

간장의 맛과 특성을 직접 설명하는 것이 아니라 어울리는 음식을 중심으로 제안하는 건 작지만 큰 차이예요. 전문가가 아닌 이상 고객은 간장의 맛 차이를 크게 못 느끼죠.

그렇기 때문에 브랜드 인지도가 있거나 가격이 저렴한 제품을 선택했는데, 사용 용도를 제안하니 고객이 브랜드와 가격 정보를 뒷전으로 밀어 두고 오롯이 간장에 집중하는 것이 가능해져요.

하지만 장인간장은 이 정도의 차이로는 충분하지 않다고 생각해요. 100여 종의 간장을 6개의 카테고리로 분류하면 평균적으로 한 카테고리당 15개가 넘는 간장이 있는 건데, 맛의 차이를 잘 못 느끼는 고객 입장에서는 여전히 선택에 어려움을 겪을 수밖에요.

그래서 장인간장은 보다 직접적으로 간장을 추천해요.

©시티호퍼스

계란밥에는 70번, 스테이크에는 17번, 프라이드 치킨에는 67번, 스시에는 24번, 참치회에는 37번, 오니기리에는 36번, 소바에는 12번, 교자에는 69번 간장 등 만들고자 하는 요리에 어울리는 간장을 명확하게 제안하는 거죠.

숫자로 구분하는 것도 고객 친화적인데, 여기서 더 나아가 장인간장은 라벨까지 덧씌웁니다. 간장 제조 브랜드 라벨이 아니라 간장과 어울리는 음식이 그려진 라벨을 붙이는 거예요. 이렇게 하니 간장 브랜드와 번호를 대조하거나 직원에게 물어볼 필요 없이 직관적으로 어떤 음식에 곁들이면 좋을 간장인지를 이해할 수 있어요.

각 간장에 이름이 있지만, 추천을 할 때 브랜드 대신 숫자나 그림을 전면에 내세우는 이유는 분명해요. 고객들이 간장을 사면서 중요시 여기는 건 간장을 즐기는 상황이지 간장 그 자체가 아니기 때문이죠.

#2. 용기의 크기가 소비 방식을 바꾼다

간장 자체가 달라진 건 아니에요. 그동안 장인들이 만들었던 방식 그대로의 간장이죠. 하지만 간장을 즐기는 상황을 설명하는 것만으로 새로운 간장이 탄생한 셈이에요. 덕분에 맛을 설명하지 않아도 고객은 간장에도 맛 차이가 있다는 것을 인지하기 시작했어요. 하지만 이걸로는 충분하지 않았어요. 새 술은 새 부대에 담아야 제맛이듯이, 새 간장도 새 부대에 담아야 그 맛이 살아나니까요.

그래서 장인간장은 간장을 리터 단위의 대용량 용기 대신 100ml의 작은 사이즈 병에 담아 판매해요. 하나의 간장을 여러 요리에 사용하려는 것이 아니라 하나의 요리를 적합한 간장으로 조리하려는 목적이기 때문에 소용량으로 구성해 다양한 간장을 경험할 수 있게 한 거죠. 게다가 소용량 포장은 고객의 심리적 저항감을 낮춰 구매에 대한 부담을 줄이고 구매 전환을 높여주는 장점도 있어요.

간장을 100ml의 용기에 담아 판매하는 것은 컨셉 강화를 위해 필요한 시도였어요. 하지만 아이디어 단계에서 양조업체들의 반대가 있었어요. 간장을 작은 크기로 팔면 한 번에 많이 팔 수 없어 이익이 충분히 나지 않을 것이라는 의견이었죠. 장인간장의 대표는 포기하지 않았어요. 고객이 다양한 간장을 경험하게 하고 구매 패턴을 바꾸는 것이 장기적으로 더 바람직하다는 이유를 들어 어렵사리 간장 장인들을 설득했죠.

그의 예상은 적중했어요. 대용량으로 판매하는 것 대비 단위 용량당 가격은 상대적으로 더 비쌌지만, 절대 가격이 500엔^{약 5,000원} 내외로 저렴해서 고객에게 '부담없이 구매할 수 있는 고급 간장'이라는 이미지를 심어줄 수 있었어요. 게다가 집에서 하나의 요리만 먹는 사람은 없으니 각 요리에 어울리는 간장을 3개 세트 혹은 5개 세트로 사가는 사람이 많았죠. 이럴 경우 객단가도 15,000~25,000원 가량으로 높아지고요.

또한 소용량으로 경험한 간장이 마음에 들어 대용량으로 구매하고자 한다면 양조장에서 직접 구매할 수 있도록 연결해 간장 장인들과 윈윈^{win-win} 관계를 추구했어요. 장인간장에서 판매하는 100ml 단위의 간장이 돈 내고 구매하

©시티호퍼스

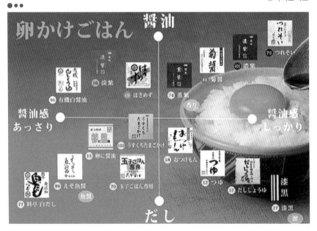

©장인간장

는 샘플^{Paid tasting}의 역할을 한 셈이죠.

#3. 간장의 세계에 빠져드는 즐거움을 선사한다

새로운 컨셉으로 접근한다 해도 고객 구매로 연결되지 않으면 소용없어요. 그래서 장인간장은 간장을 즐기는 새로운 방식에 고객들이 반응하고 입문할 수 있도록 돕는 장치들을 마련했어요.

입문용 패키지가 대표적이에요. 행동 경제학에서 설명하듯, 선택지가 많을 때보다 적당할 때 사람들이 의사결정을 더 쉽게 할 수 있죠. 마찬가지로 장인간장이 간장을 즐기는 상황에 맞춰서 간장을 제안하지만, 100여 종의 간장은 입문자 입장에서 보면 선택을 머뭇거리게 할만한 숫자예요. 그래서 장인간장을 처음 접하는 사람들의 구매를 돕기 위해 일상에서 주로 먹는 음식과 어울리는 간장을 중심으로 기본 세트를 구성해 입문용 패키지를 만들었어요.

입문용 패키지뿐만 아니라 선물용 패키지도 고객을 새로운 간장의 세계로 불러모으는 역할을 해요. 선물을 할 때 중요한 요소 중 하나는 서프라이즈를 줄 수 있는지 여부죠. 장인간장은 필수품인데다가 새롭고 부담 없으면서도 적당히 사치스러운 이미지가 있어 예상 밖의 선물로도 적합해요. 그뿐 아니라 받는 사람의 음식에 대한 선호나 취향을 고려해 간장을 고를 수 있어 정성스럽다는 느낌을 줄 수도 있고요.

또한 컨셉이 지속가능성을 가지려면 신규 고객을 유치하는 것만큼이나 그들을 충성 고객으로 유지하는 것도 중요해요. 재미 삼아 구매하는 고객은 일회성 소비로 그칠 확률이 높지만 음식에 따라 간장 맛의 차이를 경험하고 이해한 사람들은 장기적으로 구매할 가능성이 크죠. 새로운 제품을 경험하는 재미가 아니라 간장의 세계에 빠지는 즐거움을 줄 수 있어야 하는 거예요.

그래서 장인간장은 간장의 세계에 입문한 사람들이 간장의 맛을 체계적으로 이해할 수 있도록 다양한 정보를 제공해요. 웹사이트를 통해 매일 장인간장에서 제안하는 간장으로 만들 수 있는 요리의 레시피를 공유하죠. 또한 '간장의 책'이라는 책을 출간해서 판매하며, '맛있는 간장 연구부'를 만들어 간장에 대한 강연과 워크숍 등을 진행하기도 해요. 이를 통해 간장에 따라 달라지는 음식 맛의 미묘한 차이를 설명하는 거죠.

와인에 대해서 공부해야 와인을 즐길 수 있듯이, 간장도 마찬가지예요. 아는 만큼 보이고 보이는 만큼 관심이 커지죠. 관심도가 높아지면 자연스럽게 충성 고객으로 이어지고요.

상인을 빛내는 '장인'

장인간장을 운영하는 회사는 '전통 디자인 공방'이에요. 장인간장은 이 회사의 간장 관련 브랜드죠. 타카하시 만타로가 회사를 설립할 때 장인간장이 아니라 전통 디자인 공방으로 이름을 붙인 데에는 이유가 있어요. 장기적으로 간장뿐만 아니라 다른 전통 제품들로 사업 분야를 넓히고 전통 산업의 발전에 기여하려는 비전을 가지고 있어서죠.

그는 전통 산업 또는 지역 산업과 관련하여 '만드는 자'와 '사용하는 자'를 '연결하는 자'로서, 모든 주체가 만족하는 구조를 만드는 것을 목표로 하고 있어요. 하지만 연결하려는 자의 역할을 단순히 유통하는 것으로 생각하진 않아요. 전통 산업에 젊은 사람들이 흥미를 가지고 모이고, 전통 산업 종사자들이 수익을 내며 당당해질 수 있도록 기존의 방식을 바꾸기 위해 노력하는 거예요.

장인간장도 이러한 고민의 결과예요. 간장이 아니라 간장을 곁들이는 상황을 제안한 덕분에 '사용하는 자'의 효용이 높아졌어요. 장인간장은 여기서 그치지 않고 '연결하는

자'로서 '만드는 자'의 가치를 높이기 위한 고민도 이어가죠.

　간장을 만드는 자를 위해 장인간장은 '키오케^{Kioke} 부활 프로젝트'를 시작했어요. 키오케는 간장을 숙성시키는 거대한 나무통으로, 그 안에 미생물이 존재해 양조장마다의 특성과 풍미를 만들어내는 핵심적인 역할을 해요. 하지만 비효율적이고 시대에 뒤쳐진다는 이유로 점차 사라져 현재 키오케를 이용한 간장 제조는 전체 생산량의 1% 미만 수준으로 떨어졌어요. 이를 지역 양조장과 함께 부활시키고자 발벗고 나선 거죠.

　이 프로젝트는 명맥이 끊긴 키오케를 다시 제작함으로

써 각 양조장의 개성을 살리고 차별적 경쟁력을 지켜내고자 하는 의미있는 시도예요. 게다가 성과도 있어요. 와인이나 위스키처럼 나무통에서 1~3년을 숙성시켜 제조한 간장을 '키오케 간장^Kioke Shoyu'이라는 프리미엄 간장 브랜드로 출시했죠. 현재는 키오케에서 만든 프리미엄 브랜드가 24개까지 늘어났어요.

이처럼 '사용하는 자'의 편의뿐만 아니라 '만드는 자'의 편익도 고려하는 균형 감각에서 전통 디자인 공방의 긍정적인 미래를 엿볼 수 있어요. '연결하는 자'로서 상인의 이익을 만드는 건 고객이지만, 상인의 차이를 만드는 건 장인이기 때문이죠. 제품을 만드는 장인이 없다면 제품을 연결하는 상인도 없다는 평범한 진리를 이해하고, 장인의 미래를 개선하기 위해 고민하는 전통 디자인 공방은 간장 사업을 비롯해 전통 산업을 숙성시킬 자격이 있지 않을까요.

02

더 라벨 프루트

라벨에 고객 이름을 붙이자,
뜻밖의 수요가 폭발한다

경영 철학 | **컨셉 기획** | **사업 전략** | 수익 모델 | **브랜딩 마케팅** | **고객 경험** | 디자인

누군가의 혹은 무언가의 팬이라면 이 마음을 알 거예요. 자신이 좋아하는 대상을 응원하는 건 물론이고, 다른 사람에게도 자랑하거나 추천하고 싶다는 걸요. 일본에서는 이러한 마음이 수면 위로 드러나기 시작했어요. 심지어 사회 현상으로 번지고 있죠. 그래서 신조어까지 만들어졌어요.

'오시카츠'

밀어주다, 추천하다라는 뜻을 가진 '오시'와 활동이라는 의미의 '카츠'가 더해져서 생긴 말이에요. 아이돌, 배우, 작가, 애니메이션 캐릭터 등의 팬으로서 자기가 좋아하는 대상을 밀어주고 응원하는 활동을 일컫는 거죠. 보다 구체적으로는 자기가 응원하는 아이돌의 콘서트에 가거나, 굿즈를 사거나, SNS에서 이야기하는 것 등을 뜻해요.

이게 어느 정도로 확산되고 있냐면, 일본의 포털 사이트 니프티Nifty가 학생들을 대상으로 설문조사를 했는데

94%가 자기가 응원하는 대상^{오시}이 있다고 답했어요. 그리고 초등학생의 63%, 중학생의 76%가 응원하는 대상이 있는 것을 넘어, 응원하는 활동^{오시카츠}을 한다고 응답했을 정도예요.

여기에다가 '오시카이'라는 말도 생겨났어요. 오시카츠를 하는 사람들의 모임이라는 뜻이에요. 응원의 마음을 혼자서 표현하는 활동으로는 충분하지 않다는 거예요. 함께 모여서 좋아하는 대상을 응원하면 아무래도 대화가 더 깊어지고, 팬심이 더 강해지죠. 꿍짝이 맞는 재미도 있고요.

신조어인 오시카츠는 2021년에, 출판사인 '자유국민사'에서 1984년부터 매년 발표해 연례행사가 된 '신조어·유행어 대상' 후보에도 오를 만큼 세간의 주목을 받았어요. 오시카츠가 널리 알려짐에 따라 이제는 주변의 눈치를 보지 않고 응원하는 활동을 적극적으로 펼치는 사람들도 늘어났죠. 그래서 생겨난 뜻밖의 시장이 있어요. 이번에 소개할 '더 라벨 프루트^{The Label Fruit}'가 그 은덕을 입었죠.

라벨 하나로 레벨 업한, 더 라벨 프루트

더 라벨 프루트는 과일 우유를 파는 무인 매장이에요. 엄밀히 말하면 과일 우유는 사람이 제조하는데 주방이 벽 뒤에 숨어있어, 메뉴를 주문하고 받는 과정에서 직원을 마주칠 일이 없어요. 매장에 키오스크도 설치해 놓지 않았으니 QR 코드를 통해 스마트폰으로 주문해야 하죠. 과일 우유가 완성되면 지정된 번호의 무인 락커에서 찾아가면 돼요.

무인 매장이니 가격이 쌀 거 같은데 그렇지도 않아요. 메뉴 가격은 과일에 따라 조금씩 다른데 918엔^{약 9,200원}에서 1,026엔^{약 1만원} 사이에요. 일회용 컵이 아니라 300ml 정도의 플라스틱 공병에 담아주긴 하지만, 공병값을 감안하더라도 비싼 편이죠. 주변의 과일 주스 가게에서는 과일 우유를 대게 500엔^{약 5,000원} 내외에 판매하니까요. 대단한 고급 과일을 재료로 쓰는 것도 아닌데 가격이 많게는 2배 이상 차이나는 거예요.

그렇다면 고급 호텔의 카페처럼 럭셔리하게 꾸며놓고 공간의 분위기를 파는 걸까요? 그렇다고 볼 수도 없어요. 공간이 깔끔하고 쾌적하긴 하지만 매장 내에서는 취식이 금지되어 있죠. 외부 음식은 물론이고, 무인 락커에서 받은 더 라벨 프루트의 메뉴도 매장 안에서는 마실 수가 없어요. 사실상 무인 테이크아웃 매장인 셈이에요.

이런 매장에 손님이 있겠냐고요? 시티호퍼스가 화요일 오후 4시, 비 오는 날에 방문했는데 160번째 고객이래요.

언뜻 보기에 공급자 중심으로 기획한 불친절한 매장처럼 보이지만, 더 라벨 프루트는 과일 우유 병에다가 라벨을 붙여 과일 우유를 차별화했어요. 라벨이라고 하면 병 위에 붙이는 스티커인데, 스마트폰으로 주문하는 과정에서 이 라벨에 이름 등을 넣을 수 있거든요. 이렇게 하니 용량, 베이스, 토핑, 당도 등을 개인화하는 것과는 또 다른 차원의 수요가 생겨요. 무엇이 얼마나 다른지 하나씩 살펴 볼게요.

#1. 라벨 하나 바꾸었을 뿐인데 객단가가 올라간다

스마트폰으로 주문을 하는 과정은 6단계를 거쳐요. 우선 딸기, 파인애플, 망고, 복숭아, 멜론 등 과일을 선택해요. 그리고는 우유를 선택하는데, 이때 추가 요금을 내고 두유, 귀리 우유 등을 고를 수 있어요. 다음으로는 설탕을 얼마나 넣을 건지 결정하죠. 그 후에 과일, 코코넛 젤리, 안닌도후 등 토핑을 추가할 수 있는데 별도의 비용이 발생해요.

여기에다가 더 라벨 프루트는 남은 주문 과정에서 라벨을 커스터마이즈 할 수 있게 했어요. 라벨에는 기본적으로 '당신을 위해 특별히 만든 거예요This is especially for you'라는 메시지와 함께, 주문 날짜와 순번, 그리고 베이스, 토핑 등의 주문 정보가 들어가 있죠. 맞춤화할 수 있는 영역은 라벨의

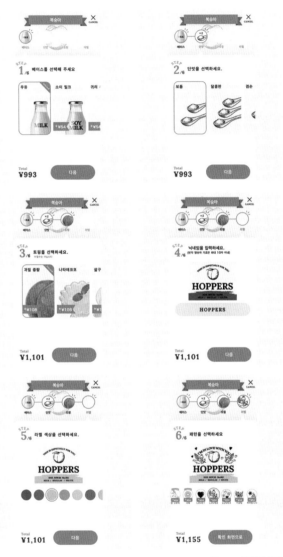

Source: 더 라벨 프루트

패턴, 중앙에 있는 이름, 그리고 하단의 컬러 정도예요.

여기까지야 다른 곳에서도 볼 수 있는 주문 과정과 방식이에요. 라벨의 패턴이나 컬러까지 개인화하는 건 아니더라도 온라인 주문 과정에서 고객 이름을 물어보고, 스티커 등의 형태로 붙여주는 곳들도 있죠. 하지만 더 라벨 프루트는 여기서 한 걸음 더 나아갔어요. 54엔약 540원 정도를 더 내면 남들과 다른 스티커를 붙일 수 있게 한 거예요.

예를 들어 볼게요. 사랑, 생일, 기념일 등의 카테고리를 추가해 놓고, 각각의 라벨에 메시지와 패턴을 달리했어요. 사랑 라벨에는 '당신을 위해 특별히 만든 거예요'라는 메시지 대신 '당신을 진짜 사랑해요I love you so much', '나는 당신과 사랑에 빠졌어요I'm in love with you', '나는 당신에게 미쳤어요I'm crazy about you'라는 메시지가 있고 생일 라벨에는 '생일 축하해Happy birthday'라는 메시지가 있는 식이죠.

고객들이 이걸 선택하냐고요? 더 라벨 프루트 무인 락커 디스플레이에는 그날 주문이 들어온 과일 우유 이미지를 보여주는데, 시티호퍼스가 방문한 날 기준으로 무인 락커에 표시된 40개 주문 중에서 28개가 기본 메시지였고, 12개는 54엔을 추가한 맞춤형 라벨이었어요. 30%의 고객은 54엔의 추가 금액을 내고 라벨을 바꿨다는 뜻이죠.

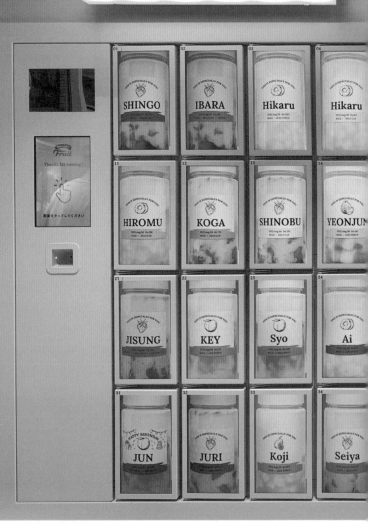

이를 더 세분화해 볼게요. 어떤 메시지를 선택했는지를 보면 '나는 당신과 사랑에 빠졌어요I'm in love with you'가 6개, '생일 축하해Happy birthday'가 4개, '당신을 진짜 사랑해요I love you so much'가 1개, '나는 당신에게 미쳤어요I'm crazy about you'가 1개였죠. 이를 유형화하면 전체의 20% 정도는 사랑 라벨, 10% 정도는 생일날 선물하는 용도로 쓰인다는 걸 알 수 있어요. 생일 메시지야 가볍게 선물하는 용도로 쓴다고 해도, 과일 우유가 사랑의 매개체도 아닌데 사랑 메시지 비중이 이렇게 높은 건 이유가 뭘까요?

#2. 이름을 물었더니 계획에 없던 수요가 몰려든다

이번에는 맞춤형 라벨에 적혀 있는 이름을 볼게요. 여기에 적힌 이름은 본인 이름이 아닐 가능성이 높죠. 당신을 사랑한다고 하면서 혹은 생일 축하한다고 하면서 자기 이름을 적진 않을 테니까요. 물론 자기애가 있거나 셀프 축하를 할 수도 있지만요.

사랑 라벨에 적힌 이름을 검색해보면 사랑 라벨의 8개 이름은 전부 연예인이나 셀럽의 이름이에요. 흥미로운 건 일본의 연예인뿐만 아니라 한국 연예인, 일본 애니메이션 캐릭터, 일본 버추얼 유튜브 캐릭터 등의 이름도 있다는 거예요. 여기에다가 더 재미있는 점은 4개의 생일 라벨에도 전부 일본과 한국의 연예인 이름이 적혀있다는 거죠. 동명이인이 있을 수 있다는 걸 감안하더라도 대부분은 연예인과 셀럽이라고 볼 수 있어요.

이 정도 비율이면 기본 라벨에도 연예인이나 셀럽의 이름이 있을 걸로 보여요. 그래서 기본형 라벨을 사용한 28개까지 확인해 볼게요. 이름을 검색해보니 28개의 기본 라벨 중 17개의 라벨에 연예인이나 셀럽의 이름이 적혀 있어요. 40개 전체로 보면 총 29개가 연예인이나 셀럽의 이름으로, 전체의 72.5%를 차지하죠. 자기 이름을 넣으라고 만든 칸에 70%가 넘는 고객이 자기가 응원하는 사람의 이름을 적고 있었던 거예요.

어떤 현상인지 감이 오시나요? 2021년 신조어·유행어 대상 후보에 오를 정도로 유행이 된 '오시카츠'예요. 자기가 좋아하는 연예인, 캐릭터 등을 응원하는 활동을 하는 거죠. 실제로 매장 내에서는 연예인, 셀럽, 캐릭터 등의 사진, 미니어처, 굿즈를 가져와 맞춤화된 라벨이 붙은 더 라벨 프루트의 과일 우유를 같이 놓고 사진을 찍는 모습을 볼 수 있어요. 시티호퍼스가 갔을 때는 4팀 전부 오시카츠를 하고 있었어요.

#3. 한정판 라벨 출시로 신메뉴 개발 효과를 낸다

그렇다면 유료로 맞춤화하는 라벨이 오시카츠에만 활용되는 걸까요? 꼭 그렇지는 않아요. 어떻게 보면 오시카츠로 인한 수요는 운이 따랐던 거예요. 오시카츠가 하나의 문화로 자리잡으면서 생긴, 더 라벨 프루트가 예상하지 못했던 뜻밖의 니즈니까요.

　　더 라벨 프루트는 유료 맞춤형 라벨을 이벤트, 시즌 등에 맞춰서 한정판으로 새롭게 선보여요. 예를 들어 봄에는 벚꽃 에디션 한정판 라벨을, 화이트데이에는 새로운 사랑 라벨을, 부활절에는 그에 어울리는 라벨을 내놓는 식이죠.

2022년 7월에는 칠석과 별을 테마로 한정판 라벨을 선보였는데, 이 테마의 라벨은 은하수처럼 서로 이어져 있는 디자인이라 2개 이상의 과일 우유를 연결해서 사진을 찍을 수 있게 했어요. 이러한 한정판 라벨을 통해 고객의 관심을 환기시키고 객단가를 높이는 데 활용하는 거예요.

그뿐 아니에요. 한정 기간 동안 유료 커스텀 라벨을 선택한 고객에게 추가로 '플라벨'을 제공했어요. 플라벨은 '플러스 라벨'의 약어로, 메시지가 담긴 12개의 스티커 중 1개를 랜덤으로 함께 제공하는 거죠. 추가로 제공되는 플라벨은 병뚜껑에 붙일 수 있는 사이즈로 과일 우유 병을 더 특별하게 만들어줘요. 물론 플라벨 자체로는 그다지 특별하다고 볼 수 없죠. 하지만 플라벨에 적힌 문구를 보면 위로나 긍정이 필요할 때 유료 커스텀 라벨을 선택할 이유가 생

겨요.

'나는 언제나 네 편이야I'm always on your side', '건강하게 살고, 자주 웃고, 많이 사랑하라Live well, Laugh often, Love much', '항상 행복을 선택해Always choose happiness', '늦기 전에 변화하라Change before you have to' 등 좋은 말 대잔치로 스티커를 제작했으니, 어떤 스티커가 나와도 괜한 힘이 나죠.

손쉽게 할 수 있는 레벨 업의 기술, 덧씌움

더 라벨 프루트는 이름에서 알 수 있듯이 과일 우유 병에 라벨 하나 덧씌워 특별함을 만들어냈어요. 그리고 이 덧씌움의 장기를 병뿐만 아니라 매장까지 확대 적용했죠. 무인 락커가 대표적이에요. 이곳의 무인 락커는 가로로 10줄, 세로로 4줄로 구성되어 있어 총 40개의 칸이 있는데, 보통의 무인 락커와 달리 락커의 문이 디스플레이로 되어 있어요. 그래서 무인 락커의 전면부가 거대한 화면처럼 보이죠.

이 화면을 활용해서 메뉴를 기다리는 시간을 지루하지 않게 만들어줘요. 화면에는 기본적으로 그날 주문이 들어온 메뉴가 맞춤형 라벨과 함께 노출되는데, 정적으로 멈춰 있는 게 아니라 오락실 게임에서 나올 법한 음악에 맞춰서 진열되어 있는 병들이 리듬을 타면서 춤을 춰요. 그러다가

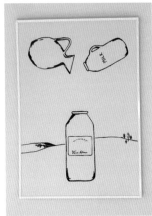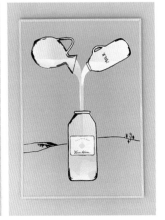

©시티호퍼스

메뉴가 완성되면 무언가에 당첨된 듯한 시그널 사운드와 함께 다른 병들은 페이드 아웃되고 화살표로 메뉴를 꺼낼 위치를 알려주죠. 여느 무인 매장에서 전광판에 번호를 띄워주는 방식과는 느낌이 사뭇 달라요. 차례가 된 게 아니라 그 순간 만큼은 뭔가 주인공이 된 듯한 기분이 든달까요.

그뿐 아니라 음악에 맞춰 병들이 춤을 추는 중간 중간에 더 라벨 프루트의 인기 메뉴를 보여줘요. 5위까지의 랭킹이 나오는데, 이를 가만히 들여다보면 디테일이 살아 있어요. 단순히 메뉴의 순서를 나열하는 데 그치지 않고, 메뉴별로 시럽, 베이스, 토핑 등 고객들이 주문하면서 맞춤으로 선택한 비중을 막대 그래프로 보여줘요. 랭킹 정보를 통해 다른 사람들은 메뉴를 어떻게 조합하는지를 알 수 있죠.

또한 무인 락커의 디스플레이뿐만 아니라 매장의 벽면에도 신경을 썼어요. 벽면에는 더 라벨 프루트의 시그니처 메시지인 '당신을 위해 특별히 만든 거예요This is especially for you'를 네온 사인으로 걸어 놓았어요. 사진 찍기 좋은 스팟을 구성해 놓은 거죠. 그리고 우유병이 있는 액자와 화구가 그려져 있는 액자가 있는데, 이 액자들도 정적이지 않고 액자 안 오브제들의 색이 바뀌어요. 덕분에 좁은 공간에서의 시선이 지루해지지 않을 수 있어요.

오시카츠 문화의 은덕을 입은 더 라벨 프루트가 앞으로 어떻게 될지는 알 수 없어요. 오시카츠 문화가 더 전방위적으로 확산되어 성장세를 이어갈 수도 있고, 반대로 오시카츠 유행이 끝나 수요가 줄어들 수도 있죠. 하지만 분명한 사실은 라벨 하나로 차별화를 시도했기 때문에 누릴 수 있었던 행운이라는 거예요. 이제 그 뜻밖의 수요를 필연적 수요로 바꾸려는 시도를 한다면, 더 라벨 프루트의 미래도 푸릇할 거라 기대할 수 있지 않을까요.

#FFFFFFT

흰 티 하나로
한 끗 차이를 보여주는 방법

경영
철학 | 컨셉
기획 | 사업
전략 | 수익
모델 | 브랜딩
마케팅 | 고객
경험 | 디자인

'어른들의 하라주쿠'

중장년층이 즐겨찾는 거리인 '스가모 거리'를, 도쿄의 대표적인 젊음의 거리인 '하라주쿠'에 빗대어 부르는 이름이에요. 평균 연령 60대 이상의 어른들이 쇼핑을 하러 오는 곳이자, 노년층이 좋아하는 길거리 음식과 상점이 몰려 있는 거리죠. 그래서 파는 상인도 사는 손님도 모두 지긋하게 연세가 있어요.

스가모 거리의 시그니처는 약 800m 남짓한 상점거리예요. 여기에 약 200여 개의 상점들이 몰려있어요. 매장은 주로 과자점, 안경점, 옷가게 등인데 모두 노인들에게 초점이 맞춰져 있어요. 과자점에는 최신 유행하는 디저트 대신 건포도빵이나 견과류빵과 같은 건강빵이 먼저 보이고, 옷가게에도 화려한 디자인의 옷보다 튀지 않는 수수한 옷이 진열되어 있죠.

거리도 노인들의 편이에요. 엘레베이터는 노인들을 배

려해 30% 정도 느리게 운행되고 통행에 불편한 도로의 턱도 없었어요. 매장의 글씨와 가격표는 2배가량 크게 적혀있어 시력이 좋지 않더라도 잘 보이고요. 스가모 거리가 '노인들의 천국'이라고 불리는 이유예요. 이런 스가모 거리에서 유독 더 눈에 띄는 장소가 있어요. 입구부터 간판까지, 빨간색을 자랑하는 '마루지'예요.

마루지는 1952년부터 70여 년간 전통을 이어온 잡화점이에요. 컨셉이자 시그니처는 빨간색. 이곳에서는 빨간색으로 된 잡화라면 뭐든지 판매해요. 빨간 양말, 빨간 티셔츠, 빨간 바지 등 없는 것이 없을 정도예요. 특히 일본 최초로 빨간 속옷을 판매한 곳으로 유명하죠. 빨간색이 행운을 가져다 준다는 믿음에서 시작한 거예요.

마루지는 스가모 거리에서 4개 매장을 탄탄하게 운영하고 있어요. 각 점포는 여성 전용, 남성 전용 그리고 빨간 속옷 전용 등으로 구분되어 있는데, 행운을 바라는 사람들에게 인기가 좋죠. 마루지가 어른들의 하라주쿠에서 빨간 팬티로 노인들을 모은다면, 오리지널 하라주쿠 근처에는 흰색 면 티 한 종류만으로 청년들을 모으는 편집숍이 있어요. 이름부터 남다른 '#FFFFFFT'예요.

#1. 흰색은 무색이 아니라 당신에게 물드는 색

#FFFFFFT는 도쿄 센다가야라는 지역에 위치한 티셔츠 편집숍이에요. 센다가야는 번화가 하라주쿠에서 약 500m 정도 떨어진 조용하고 한적한 동네죠. 골목을 지나다 보면 문에 간판처럼 #FFFFFFT가 작게 적혀 있어요. 이 낯설어 보이는 이름에 컨셉이 담겨 있죠. RGB나 CMYK 외에도 16진수 색상코드가 있는데, 이 코드에서 #FFFFFF는 흰색을 의미해요. 그리고 마지막의 T는 티셔츠를 뜻하고요. 그러니까 #FFFFFFT는 흰색 티셔츠를 파는 곳이에요.

물론 흰색 티셔츠는 평범한 제품이에요. 크게 고민하거나, 스타일을 고려할 필요가 없는 기본 아이템이죠. 유니클로와 같은 곳에서 부담 없이 구입할 수도 있고요. 그런데 #FFFFFFT에서 파는 티셔츠는 묻지도 따지지도 않고 사기에는 가격이 남달라요. 얼핏 보면 다 같은 흰색 티셔츠처럼 보이는데 말이죠. 평균적으로 약 10,000엔^{약 10만원}이 넘는 수준이고, 비싼 티셔츠들은 15,000엔^{약 15만원}도 가볍게 넘죠.

흰색 티셔츠일 뿐인데 왜 이렇게 비싸냐고요? 목 부분 태그에 그 이유가 숨어 있어요. #FFFFFFT의 흰색 티셔츠는 전부 다른 브랜드의 흰색 티셔츠예요. 아메리칸 어페럴^{American Apparel}, 제이크루^{J.Crew} 등의 캐주얼 해외 브랜드도 있

지만 대부분 온패드^{ONFadd}, 아나토미카^{ANATOMICA} 등 유명 디자이너가 디자인한 니치 브랜드죠. 매장에는 60여 종의 흰색 티셔츠를 보유하고 있는데, 지금까지 누적된 제품의 종류는 약 300종, 취급 브랜드는 80개가 넘어요. 물론 전부 흰색 티셔츠로요.

단순히 브랜드만 다른 것은 아니에요. #FFFFFFT의 티셔츠들은 흰색이라도 전부 달라요. 우선 같은 흰색이라도 흰색 안에서 문 화이트, 베이지, 핑크 화이트 등 미세한 차이가 있어요. 목 부분도 V넥, U넥, 라운드넥, 터틀넥 등 여러 모양이 있죠. 원단에 따라 두께와 촉감이 천차만별인 건 물론이고요. 소매와 밑단의 길이, 사이즈 핏 등에 따라 스타일도 다양해요. 같은 색상의 티셔츠라도 서로 다른 스타일이니 자신의 취향을 찾는 재미가 있어요.

"흰색은 무색이 아니에요. 당신에게 물드는 색이죠. 흰색은 무개성이 아니에요. 당신의 개성을 이끌어내는 색이죠. 흰색은 무표정이 아니에요. 당신의 표정을 주목받게 하는 색이죠. 흰색은 무난함이 아니에요. 당신을 속이지 않는 색이죠. 다채로움은 때로는 소음이 돼요. 맑은 인생은 흰색에서 시작되죠. 하얀 티셔츠를 입는 날, 그날이 가장 당신 같은 날이에요."

#FFFFFFT 홈페이지 중

#FFFFFFT가 추구하는 철학이에요. 흰색 티셔츠만을 모은 편집숍을 연 이유이기도 하고요. 이처럼 흰색에 대한 남다른 철학을 가지고 #FFFFFFT는 2016년부터 흰색 티셔츠만을 판매하기 시작했어요. 덕분에 세계 최초의 흰색 티셔츠 전문 편집숍이라는 타이틀을 얻게 됐죠. 단순히 컨셉만 뾰족한 매장은 아니에요. 많게는 하루에 200장 이상 판매하니까요. 이대로라면 일주일에 1,000장은 너끈히 팔

거 같은데, 400장을 넘기기도 어려워요. 영업일수 때문이
에요.

#2. 불편함의 다른 이름은 특별함

#FFFFFFT는 일주일에 2번만 열어요. 토요일과 일요일이
죠. 원래는 토요일 하루만 영업하다가 고객들의 요청으로
늘린 거예요. 그렇다면 주중에 매장을 다른 용도로 사용하
느냐, 그것도 아니에요. 그냥 닫아놓죠. 영업일수도 적은데,
영업 시간까지 짧아요. 느즈막히 오픈해 늦기 전에 닫죠.
토요일은 12~19시까지, 일요일은 12~18시까지예요. 일주일

에 13시간만 영업을 하는 셈이에요. 그런데 이마저도 불규칙해 가기 전에 인스타그램 공지를 확인해야 해요.

체험형 쇼룸 아니냐고요? 물론 오프라인 매장에서 고객이 제품을 경험할 수 있게 하고, 실제 구매는 온라인에서 이루어지도록 유도하는 매장이 늘어나는 추세예요. #FFFFFFT도 그런 매장이라고 예상해볼 수 있지만, 그 예상은 보기 좋게 빗나가죠. 제품 판매는 100% 오프라인 매장에서만 이루어져요. 웹사이트가 있지만, 브랜드 소개와 매장 안내도가 전부거든요. 예약도 안되니 실제로 방문해 구매하는 수밖에 없어요.

정리해보면 일주일에 2일만 영업하고, 영업 시간도 짧으며, 온라인으로 구매할 수도 없어 총체적으로 불편해요. 그럼에도 #FFFFFFT가 이 영업 방식을 고수하는 이유는 무엇일까요? 대표의 설명을 직접 들어볼게요.

"주말만 여는 이유는, 조금 과장되게 들릴지도 모르겠지만 손님과 하얀 티셔츠와의 만남을 디즈니랜드 쇼나 어트랙션처럼 그날 그때밖에 맛볼 수 없는 체험으로 만들고 싶어서예요."

〈XD 매거진〉 인터뷰 중

매장에 가보면 이 말의 진정성을 넌지시 이해할 수 있어요. 우선 영업일수가 제한적이니 문여는 날을 기다리게 돼요. 여기에다가 매장은 4~5명이 들어가면 꽉 찰 정도로 작은 공간인데 여기에 직원이 2명이나 있어요. 흰색 티셔츠를 말끔하게 차려입은 직원들이 다양한 종류의 흰색 티셔츠에 대한 고객들의 궁금증을 적극적으로 해결해주고, 시착이나 구매 등을 도와주죠. 각자가 '자신만의 흰 티'를 찾을 수 있도록요.

컨셉에 이끌려 온 사람들이 대부분이지만, 내점한 고객의 90% 정도가 구입을 해요. 일반적인 의류 매장이라면 믿기 어려울 정도의 구매 전환율이죠. 물론 컨셉이 뾰족하기도 하고, 직원들의 적절한 응대 덕분이기도 해요. 그러나 단순히 여러 브랜드의 흰 티를 모아놓기만 해서는 달성하기 어려운 수치죠. #FFFFFFT는 흰 티를 편집하는 것을 시작으로 흰 티를 트위스트해 다채로움을 입혀요.

#3. 흰색으로 표현할 수 있는 다채로움

시작은 #FFFFFFT 전용 한정판이에요. 티셔츠를 보다 보면 태그에 'For #FFFFFFT'라고 적힌 제품들을 어렵지 않게 찾아볼 수 있어요. 인테림^{Interim}, 오벳^{Aubett} 등 다양한 브

랜드에서 #FFFFFFT를 위해 제작한 특별한 제품이에요. 단순히 브랜드 이름만 추가한 것이 아니에요. 흰 티 전문가인 대표가 직접 색상, 소재, 디자인 등을 요청하여 만든 #FFFFFFT에서만 만나볼 수 있는 진정한 한정판이죠.

　#FFFFFFT에서 만날 수 있는 또 다른 한정판은 '2 Pack'시리즈예요. 흰색 티셔츠는 기본 아이템이라 1장씩 구입할 때도 있지만, 마음에 들면 2장씩 구입하기도 해요. 이러한 마음을 읽은 #FFFFFFT에서는 같은 티셔츠 2장을 1개 세트로 판매해요. 물론 #FFFFFFT 전용 상품이고, 가격 혜택도 있어요.

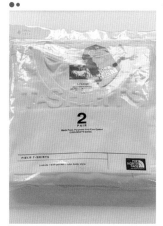

©시티호퍼스 ©#FFFFFFT

　예를 들어 볼게요. 체형을 살려주는 실루엣으로 유명한 스터^{Stir}는 흰색 티셔츠 1장을 11,500엔$^{약\ 11만\ 5천원}$에 판매하고 있는데, 2장짜리 세트를 구입하면 2장에 14,500엔$^{약\ 14만\ 5천원}$에 살 수 있어요. 1장당 7,250엔$^{약\ 72,500원}$ 꼴이니 37% 할인된 가격으로 구매할 수 있는 셈이죠.

　여러 패션 브랜드와 #FFFFFFT만을 위한 제품을 제작할 뿐만 아니라 타업종의 브랜드와 컬래버레이션을 하는 것에도 적극적이에요. 2022년 5월, #FFFFFFT는 미국의 표백제 브랜드인 옥시크린과 함께 한정판 티셔츠를 출시했어요. 깔끔한 세정력을 자랑하는 옥시크린이 가지고 있는

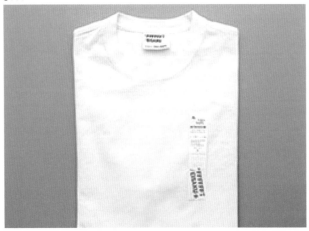

©#FFFFFFT

브랜드 이미지가 #FFFFFFT와 잘 어울린다고 판단했기 때문이죠. 한정판 패키지에는 옥시크린의 일회용 세제를 동봉해 고객이 빨래할 때 옥시크린을 경험할 수 있게 했고요.

심지어 '흰색 티셔츠 전문 세제'를 출시하기도 했어요. #FFFFFFT 런칭 1주년을 맞이해서, 1924년부터 비누 등 세제를 만들어온 기무라비누공업과 '#FFFFFFT for Laundry'를 공동으로 개발해 선보였죠. 흰색 티셔츠는 그 특성상 땀과 먼지 등으로 옷의 색깔이 쉽게 변하는데, 이를 해결하려는 목적으로 전용 세제를 개발해 한정판으로 판매한 거예요.

브랜드뿐만 아니에요. #FFFFFFT와 어울린다고 생각하면 개인과도 컬래버레이션해요. #FFFFFFT/EISAKU는 배우 요시다 에이사쿠와 함께 컬래버레이션한 제품이에요. 요시다 에이사쿠는 일본의 중년 배우로, 제임스 딘과 같이 일본에 흰티와 청바지 붐을 일으킨 인물이죠. 일본의 '흰티는 요시다 에이사쿠 이전과 이후로 나뉜다'라고 할 정도니까요. 이렇게 흰색을 가지고 끊임없이 비즈니스적인 변주를 주던 #FFFFFFT가 흰색이라는 틀을 깨고 새로운 시도를 시작했어요.

#4. 같은 컨셉 아래 선명한 대비

신주쿠에 위치한 가부키쵸는 낮보다 밤이 화려한 동네예요. 클럽, 술집 등이 몰려있어 밤 시간을 즐기러 온 사람들로 북적이죠. #FFFFFFT는 이 가부키쵸 어느 골목에 두 번째 매장을 오픈해요. 매장 이름은 #000T. 어떤 매장인지 짐작이 가나요? 맞아요. #FFFFFFT가 흰색 티셔츠만을 팔았다면, #000T는 검은색 티셔츠만을 판매해요. #000000은 16진수 색상코드에서 검은색을 의미하는데, 이를 3자리로 줄이고 T를 붙인 거예요.

물론 새로운 매장을 오픈하면서 단순히 포맷을 그대로

복제한 건 아니에요. 지역적 특성을 고려했죠. 본점이 위치한 센다가야는 동네 특성상 저녁 유동인구가 없는 조용한 동네라면, 카부키쵸는 저녁 시간부터 사람들이 몰려들어요. 게다가 평일이든 주말이든 언제나 사람들로 붐비죠.

그래서 #000T는 본점과 달리 주중에도 영업을 하고, 매장도 12시까지 열어요. 술을 한 잔할 수 있는 바, '일각'을 함께 운영하면서 가부키쵸의 분위기에도 녹아들고요. 그렇다보니 의류 매장이라기보다 바의 한 켠에서 검은 티셔츠를 파는 모양새에 가까워요. 패션 매장으로서의 감도는 줄어들었지만, 컨셉을 유지하면서 트위스트를 주는 비즈니스 감각은 눈여겨볼 만하죠. 그리고 #FFFFFFT는 2022년 7월에 한 차례 더 진화해요.

#FFFFFFT X #000T

#FFFFFFT와 #000T가 만났어요. 시부야에 위치한 미야시타 파크에서요. 이 곳은 2020년에 오픈한, 트렌드의 최전선에 있는 몰이에요. 공원을 재개발해 총 4층짜리 건물로 탈바꿈했는데, 상업시설 구성의 정석을 보는 듯하죠. 일본에 최초로 상륙하는 브랜드, 지방에 있는 전통의 강호 중

©#FFFFFFT

도쿄에 처음으로 진출하는 매장, 실험적인 플래그십 또는 팝업 스토어를 입점시키니까요.

미야시타 파크에 오픈한 이 팝업 매장에선 #FFFFFFT의 흰색 티셔츠와 #000T의 검은색 티셔츠 100여 개를 동시에 만나볼 수 있어요. 흰 티와 검은 티가 함께 놓이니 흑과 백이 절묘하게 섞이며 매장 자체가 마치 체스판이나 바둑판처럼 보이죠. 유명 인플루언서도 없고, 화려한 명품도 아니며, 체험적 요소가 있는 것도 아니었지만 컨셉에 충실한 덕분에 어느 매장보다도 돋보였어요. 색이라는 키워드로 크리에이티브하게 비즈니스를 확장해 나가는 거예요.

업의 본질만큼 중요한 색의 본질

'왜 흰색 티셔츠 전문점이 없을까?'

#FFFFFFT 대표인 타쿠야 나츠메는 고등학생 때부터 패션에 빠져들었어요. 그랬던 그가 사업을 시작했던 계기는 아무렇지도 않게 샀던, 그러나 너무나 마음에 들었던 어느 '흰색 티셔츠'였죠. 그때부터 국내외 모든 종류의 흰색 티셔츠를 모으기 시작했어요. 수십만원을 호가하는 럭셔리 브

랜드의 흰색 티셔츠부터 몇 천원대의 PB 제품까지 말이죠. 옷장이 흰색 티셔츠로 넘칠 때쯤, 그는 흰색 티셔츠 전문점이 없다는 사실을 깨달았어요.

없는 데는 이유가 있었어요. 패션 업계가 돌아가는 원리, 특히 소매업체의 상식과 거리가 있기 때문이에요. 변화하는 트렌드에 따라 계절마다 신제품을 내놓고 매출을 끌어올려야 하는데, 흰색 티셔츠 하나만 가지고는 트렌드에 대응하기 어려우니까요. 그런데 타쿠야 나츠메는 오히려 패션과 무관한 업계에서 일했기에 그런 고정관념으로부터 자유로울 수 있었어요. 그리고는 흰색 티셔츠에 대한 관심과 열정만으로 #FFFFFFT를 시작하게 된 거죠.

"많은 사람들이 흰색 티셔츠에 대해 무난하다거나, 개성이 없다거나, 모두 똑같다는 이미지를 가지고 있다고 생각해요. 하지만 흰색 티셔츠는 심플함과 베이직함의 끝판왕이면서, 동시에 하얗기에 크게 달라질 수 있는 양면성을 가지고 있어요. 그래서 입는 사람의 개성이 직접적으로 반영되죠."

〈XD 매거진〉 인터뷰 중

#FFFFFFT 대표가 흰색 티셔츠를 보는 관점이에요. 그리고 이 관점이 실행이라는 큰 차이를 낳았어요. 그가 떠올린 흰색 티셔츠 편집숍을 패션 업계에서 상상해보지 않았을 리 없어요. 업의 본질을 고려했을 때 타당성이 없다고 판단했을 뿐이죠. 하지만 업의 본질이 아니라 색의 본질로 접근했기에 흰색 티셔츠 편집숍도 고객에게 어필할 수 있는 패션 매장이 될 수 있었던 거예요. 색의 본질을 바탕으로 #FFFFFFT는 흰색 티셔츠에 또 어떤 색을 입혀 나갈까요? 그들이 펼쳐나갈 앞으로의 시도가 궁금해집니다.

04

로열블루티

와인병에 차를 담아,
없던 시장을 연 티하우스

경영 철학 | 컨셉 기획 | 사업 전략 | 수익 모델 | 브랜딩 마케팅 | 고객 경험 | 디자인

©로열블루티

일본 어느 작은 마을의 농가에 고민이 하나 있었어요. 나가노현의 시모조촌에 있는 이 농가에서는 '무라노코메'라는 이름으로 쌀을 재배하여 판매했는데, 이 쌀로 지은 밥은 식어도 맛있을 정도로 참 좋지만 이를 잘 표현할 방법이 없었던 거죠.

'어떻게 하면 무라노코메로 지은 밥은 식어도 맛있다는 것을 소비자에게 전달할 수 있을까?'

쉬운 방법으로는 쌀 패키지에 식어도 맛있다는 문구를 넣을 수 있어요. 하지만 이렇게 해서는 수많은 쌀 브랜드들과의 경쟁에서 눈에 띄기 쉽지 않죠. 메시지가 공감을 불러일으키기도 어렵고요. 문구로 무라노코메의 장점을 직접적으로 설명하는 것보다 더 효과적인 방법은 없을까요?

때로는 말보다 이미지가 더 직관적입니다. 그래서 식어도 맛있는 쌀이라는 컨셉을 은유적으로 표현할 메타포를

찾기 시작했죠. 그렇게 찾은 메타포가 '오니기리'예요. 일본식 주먹밥이자 일본의 국민 도시락 메뉴인 오니기리는 만들어 놓고 나중에 먹는 음식이라 식은 밥도 맛있어야 하기 때문이에요.

그리고는 쌀을 담는 패키지를 오니기리 모양으로 디자인했어요. 구체적이면서 익숙한 음식에 연결시켜 식어도 맛있는 쌀임을 연상하도록 한 거예요. 또한 패키지를 투명한 비닐로 제작했어요. 덕분에 백미, 현미, 찹쌀 등 세 종류의 쌀을 눈으로 직접 비교해 볼 수 있죠. 여기에다가 각 종류의 쌀마다 서로 다른 오니기리 캐릭터를 일러스트로 넣어 포인트를 줬어요. 캐릭터로 귀여움을 더하자 먹기 위해 사야 하는 쌀을 넘어 갖고 싶은 쌀이 되었죠.

무라노코메 사례는 패키지 디자인을 얼마나 감각적으로 디자인했느냐와는 차원이 다른 접근이에요. 제품을 있어 보이게 만드는 것 이상으로, 무언가의 상징적인 이미지를 차용해 제품을 새롭게 포지셔닝시킨 거니까요. 이처럼 똑같은 제품이라도 어떻게 담느냐에 따라 제품의 가치가 달라지는데, 무라노코메만 그러라는 법은 없죠. 지금부터 소개할 '로열블루티Royal Blue Tea'는 차Tea를 와인병에 담아 차에 대한 인식을 바꿨어요.

있을 법한데 없는 것에서 기회를 발견한다

차 시장을 가만히 보면 흥미로운 점이 있어요. 보급형 차 브랜드만큼이나 고급 차 브랜드가 많고, 고급 차 브랜드 중에는 직접 차를 우려주는 티하우스를 운영하는 곳들도 있어요. 그런데 고급 차 브랜드의 차를 우려서 병에 담아 파는 경우는 보기 어려워요. 맛이 떨어지기 때문이에요. 그래서 찻잎을 파는 것보다는 부가가치가 높고 매장에서 직접 차를 우리는 것보다는 확장성이 큰데도, 병에 담긴 차 중에서 고급 차 브랜드는 찾기가 쉽지 않죠.

대체로 병에 담긴 차는 보급형 브랜드의 영역이에요. 그리고 대부분은 플라스틱병에 담아 편의점 등에서 판매해

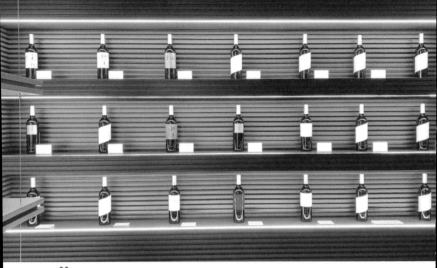

요. 하지만 소비자 입장에서는 갈증이 있어요. 고급 차를 직접 우려 마시자니 번거롭고, 그렇다고 티하우스에 갈 상황은 아닌 경우가 있잖아요. 이럴 때 이미 우려낸 차를 마시고 싶은데 그런 고급 차는 없단 말이죠.

로열블루티는 이 지점을 파고 들었어요. 언제 어디서든 간편하게 고급 차를 즐길 수 있게 한 거예요. 어떻게냐고요? 로열블루티는 고급 차를 우려내 플라스틱병이 아니라 와인병에 담아서 판매해요. 무라노코메처럼 제품을 담는 방식을 바꿔 병에 담긴 차도 고급 차라는 것을 은유했어요.

병만 달라진 게 아니에요. 가격대도 높아졌죠. 로열블루티에서 파는 차 중에서 가장 저렴한 차는 3,800엔^{약 3만 8천원}이고 가장 비싼 차는 60만엔^{약 600만원}이에요. 와인병 용량이 750ml로, 500ml인 보통의 플라스틱병보다 1.5배 큰 것을 감안하더라도 편의점에서 살 수 있는 병에 담긴 차 대비 15배 이상 가격 차이가 나요.

차를 와인병에 담은 것만으로 이렇게 가격이 비싸질 수 있냐고요? 그럴 수 있다면 누구나 그랬겠죠. 이 현상을 이해하기 위해서는 차를 와인병에 담기 위해 로열블루티가 바꾼 다른 요소들을 살펴봐야 해요. 차를 우려내는 방식, 차를 판매하는 장소, 그리고 차를 음미하는 문화를 새롭게 해 그동안 없던 시장을 연 거니까요.

#1. 차를 우려내는 온도를 바꾼다

로열블루티는 차를 직접 재배하지 않아요. 일본을 비롯해 전 세계 곳곳에서 최고급 품질을 자랑하는 차 산지의 차를 공수하죠. 최고의 찻잎 중에서도 손으로 딴 잎만 사용해요. 찻잎의 크기, 모양 등을 보고 적합한 찻잎만 따기 위해서예요. 여기까지야 고급 차 브랜드가 되기 위한 기본이자, 여러 고급 차 브랜드에서도 하는 일이죠. 로열블루티를 특별하게 하는 건 차 그 자체가 아니라 차를 우려내는 방식에 있어요.

우선 공수한 찻잎을 차가운 물에 3~7일 정도 우려요. 참고로 녹차$^{Green\ tea}$, 홍차$^{Black\ tea}$, 자스민차$^{Jasmine\ tea}$는 3일, 우롱차$^{Blue\ tea}$는 7일이 걸려요. 이렇게 우려낸 차를 가열하지 않고 멸균 용법을 이용해 걸러내죠. 그리고는 어떤 화학 첨가물이나 방부제를 넣지 않고 병에 담는 거예요. 이 모든 과정은 수작업으로 이뤄지고요.

별 거 아닌 것처럼 보이지만, 로열블루티가 독자적으로 개발한 혁신적인 프로세스예요. 이 프로세스를 '미즈다시^{Mizudashi}'라고 부르죠. 이처럼 가열 없이 살균하고 화학 첨가물이나 방부제를 넣지 않은 덕분에 차를 우려낸 후에도 고급 차의 맛을 보존할 수 있게 됐어요. 그동안 고급 차 브랜드가 하지 못했던, 병에 담은 차를 내놓을 수 있는 거고요.

위생이 걱정된다고요? 안심하셔도 괜찮아요. 내부적으로 555개의 관리 기준을 통과해야만 판매를 하니까요. 여기에다가 미즈다시 프로세스는 일본 후생 노동성으로부터 안전함을 승인받았을 뿐만 아니라, 국제적인 식품 안전 관리 인증 제도인 SGS-HACCP 인증도 취득했죠. 안전성을 이중, 삼중으로 확인한 거예요.

이렇게 우려낸 차를 와인병에 담아요. 고급 차라는 이

미지를 은유하려는 목적이 크지만, 차의 풍미를 유지하려는 실용적인 목적도 있어요. 녹차 성분인 카테킨은 빛에 민감해서 와인병처럼 빛을 차단할 수 있는 용기가 제격이기 때문이죠. 또한 맛을 유지하려면 산소가 들어가지 않도록 밀폐해야 하는데, 코르크 마개로는 공기를 완전히 차단할 수 없어 마개는 유리로 바꿨죠.

차를 우려내는 혁신적인 프로세스로 로열블루티는 새로운 시장을 열었어요. 하지만 초기 반응은 뜨뜻미지근했어요. 그도 그럴 것이 일단 낯설었어요. 미리 우려내 병에 담은 차가 고급 차라는 것도, 차를 와인병에 담아 판매하는 것도 소비자들에겐 생소했으니까요. 게다가 가격 역시도 소비자들의 기존 인식과 거리가 있는 수준이었죠. 로열블루티는 이 문제를 어떻게 해결했을까요?

#2. 낯선 고급 제품에는 낯선 고객 접점이 필요하다

로열블루티는 그들의 차를 접할 수 있는 장소를 전략적으로 선택했어요. 미쉐린 스타 레스토랑, 고급 호텔 파인 다이닝, 비행기 일등석 등 구매력이 높은 사람들이 모이는 곳 중심으로 납품하기로 한 거예요. 또한 일반 소비자 대상의 판매도 긴자 미츠코시 백화점 등 고급 백화점으로 한정했

어요. 이렇게 입소문이 나다가 2016년 G7 이세시마 정상 회담, 2019년 G20 오사카 정상 회의에 로열블루티가 제공되면서 유명세를 탔죠.

　이처럼 로열블루티는 고급 레스토랑, 비행기 일등석, 정상 회담 등을 등에 업고 이름을 알렸어요. 이런 곳들은 로열블루티를 경험할 수 있는 최적의 장소였지만 동시에 한계도 가지고 있었죠. 로열블루티를 마시기 위해 매번 고급 레스토랑에 가거나, 비행기 일등석을 탈 수는 없으니까요. 물론 일부 고급 백화점에서 판매하지만 독립 매장이 아니고 주류 편집숍 등에서 파는 형태라 로열블루티를 구매할 수는 있어도 경험해보긴 어려웠어요. 고객 접점을 늘리려면 다른 방법이 필요했죠.

그래서 로열블루티는 2016년에 가나가와현 지가사키에, 그리고 2017년에 도쿄 롯폰기에 로열블루티의 플래그십이자 부티크 매장인 '더 티 바^{The Tea Bar, 이하 T bar}'를 오픈했어요. 이곳에선 로열블루티 병 제품을 구매할 수 있을 뿐만 아니라 잔 단위로 마셔볼 수 있어요. 비싼 식사를 하지 않고도, 비행기 일등석을 타지 않고도 로열블루티를 음미해 볼 수 있는 공간인 거예요. 이 중에서 시티호퍼스가 다녀온 롯폰기 T bar를 중심으로 설명해 볼게요.

우선 입구 쪽에는 로열블루티 병 제품을 구매할 수 있는 공간이 있어요. 이곳에는 로열블루티에서 판매하는 20여 종의 티가 진열되어 있어요. 그 옆에는 제품을 구매할 때 포장해주는 나무 박스와 함께 병을 진열해 놓았죠. 그리고 진열장 앞에는 로열블루티를 대표하는 차 4병을 따로 빼서 소개하고 있어요. 하나는 2021년에 세계 녹차 콘테스트에서 금상을 수상한 차이고, 나머지 3개는 G20 오사카 정상 회의에서 제공되었던 차예요.

로열블루티를 판매하는 공간을 지나 안쪽으로 들어가면 잔 단위로 마셔볼 수 있는 바 테이블이 있어요. 바 테이

©시티호퍼스

블에는 10개의 좌석이 있는데, 1시간 단위로 이용 가능해요. 테이블에 앉으면 540엔^{약 5,400원}의 테이블 차지가 발생하고, 1시간이 넘으면 추가 비용을 내야 하죠. 물론 자리에 앉는다고 그냥 돈을 받는 건 아니고, 차와 함께 먹을 수 있는 간단한 다과를 내줘요.

이제 자리에 앉았으니, 차를 고를 차례예요. 선택은 둘 중 하나. 한 종류의 차를 120ml 정도의 한 잔으로 마시거나, 세 종류의 차를 70ml씩 세 잔으로 구성한 테이스팅 세트로 마시거나예요. 가격은 차 종류에 따라 다른데요. 가장 저렴한 '리얼 허니 디럭스^{Real Honey Delux}'의 경우, 120ml

한 잔이 1,485엔^{약 1만 5천원}, 70ml씩 세트로 마실 경우엔 한 잔이 660엔^{약 6,600원}이에요. 참고로 G20 오사카 정상 회의에 제공되었던 차 '더 우지^{The Uji}', '이리카^{Irika}', '카호^{Kaho}'를 세트로 마실 경우, 2,640엔^{약 2만 6천원}이 나와요.

주문을 하면 티 소믈리에가 와인병에 담긴 녹차를 따라 줘요. 그런데 여기에 또 주목해야 할 포인트가 있어요. 차를 일반적인 찻잔이 아니라 와인잔에 서빙하는 거예요. 와인병에는 와인잔이 어울리니 어쩌면 자연스러운 매칭이라 볼 수 있어요. 하지만 로열블루티가 차를 와인잔에 제공하는 데는 또 다른 심오한 이유가 있어요.

©시티호퍼스

#3. 병은 거들 뿐, 즐기는 문화를 접목한다

와인이 매력적인 이유 중 하나는 '페어링'이에요. 다양한 안주와 페어링하는 건 물론이고 식사와 함께 페어링하기도 하죠. 파인 다이닝에서 코스 요리로 먹는다면 식사를 기준으로 식전주와 식후주를 순서대로 페어링하기도 하고요. 로열블루티는 차의 세계에 와인병을 끌어들이는 것을 넘어, 와인을 즐기는 문화를 접목해 차를 경험하는 방식을 끌어올리고 싶었어요.

그래서 그들이 새롭게 제안하고 싶은 차 문화에 '차엔 •••
^{Chaen}'이란 이름을 붙였어요. 차엔은 와인처럼, 코스 요리와 차를 페어링해 즐기는 방식을 뜻해요. 차를 와인병에 담을 뿐만 아니라 와인잔에 따라주는 이유도 여기에 있죠. 코스 요리에 음료를 페어링할 때 와인잔이 익숙하니까요. 병, 잔, 페어링 등의 기본적인 세팅은 와인의 도구와 문화를 차용하고, 내용물만 차로 바꿔 자연스럽게 새로운 문화를 즐길 수 있게 한 거예요.

차엔은 식전차 1잔, 식중차 3잔, 식후차 1잔으로 이뤄져요. 예를 들면 이런 식이에요. 스타터 요리와 어울리는 녹차인 'King of Green RIICHI'를 식전차로 시작하고요. 메인 요리로 이어지면서 조금 더 무게감이 있는 'Queen of

Blue'나 'Fall in Love'와 같은 우롱차, 혹은 'KAHO'와 같이 맛이 풍부한 호지차를 페어링해요. 마지막으로 향이 좋은 자스민차인 'Jewel of Flowers HANA'를 식후차로 마시며 식사를 마무리하는 게 대표적인 코스죠.

한가지 더. 로열블루티가 차엔을 통해 와인의 자리를 대체하려는 또 다른 이유도 있어요. 술을 마시지 않거나 마실 수 없는 사람들도 고급 요리에 어울리는 음료가 필요하기 때문이에요. 고급 요리에는 와인이 어울린다는, 어쩌면 우리가 당연하게 받아들였던 상식에 생각할 거리를 던지는 거죠. 건강상의 문제나 종교적인 이유 혹은 나이가 어려 와인을 즐길 수 없는 사람들도 분명 있으니까요. 지금의 논알콜 트렌드에 편승한 게 아니라, 이미 몇 년 전에 차엔을 시작할 때부터 대외적으로 표방했던 철학적 배경이에요.

로열블루티 T Bar에서도 사전 예약을 하면 점심 시간에 차엔을 경험할 수 있어요. 3가지 종류가 있는데 가격은 7,700~11,000엔^{약 7만 7천~11만 원} 정도예요. 하지만 이곳에서 꼭 식사까지 하진 않아도 괜찮아요. 티 소믈리에가 와인잔에 따라 주는 차를 마셔보는 것만으로 차를 즐기는 색다른 경험을 할 수 있어서죠. 차를 우려내는 시간을 재지 않아도, 물의 온도를 맞추지 않아도, 차를 마시는 예절을 몰라도 고급 차 한 잔을 근사하게 마실 수 있는 거예요.

공통점을 접목하면 차별점이 생긴다

로열블루티는 단순히 와인병에 차를 담아 히트를 친 게 아니에요. 제조 과정, 유통 방식, 소비문화 등 와인병에는 보이지 않는 영역에서 와인병에 적합한 혹은 어울리는 가치 제안을 했기에 고객의 반응을 이끌어낼 수 있었죠. 그렇다면 로열블루티처럼 혁신적인 프로세스를 개발할 수 없고, 럭셔리 제품군이 아닌 경우에는 적용하기 어려운 걸까요? 이런 의문을 갖는 분들을 위해 '코타키 라이스 앤 퓨처^{Kotaki Rice & Future, 이하 코타키 라이스} 사례를 설명드리고 마칠게요.

©Kotaki Rice & Future

코타키 라이스는 나가노현의 코타키 마을에서 생산하는 쌀이에요. 그런데 쌀을 쌀 포대가 아니라 와인병에 담아서 판매해요. 이유가 뭘까요? 와인은 포도를 수확한 산지의 그 해 작황, 기후 등에 따라 맛과 품질이 달라져요. 그래서 와인의 생산년도를 의미하는 '빈티지Vintage'라는 개념이 있죠. 쌀도 마찬가지로 해마다 맛과 품질이 달라요. 이러한 공통점에서 착안해 코타키 지역의 백미를 와인병에 넣어 '코타키 화이트Kotaki White'라는 이름을 붙이고, 라벨에는 와인의 빈티지처럼 쌀을 생산한 연도를 새겨서 파는 거죠.

그뿐 아니에요. 와인업계에서 통용되는 개념을 쌀에

차용하기도 해요. 프랑스에서는 매년 '보졸레 누보^{Beaujolais} ^{Nouveau}'라는 와인을 생산하는데요. 보졸레 지방에서 매년 그 해 9~10월에 수확한 포도로 만든 햇와인을 보졸레 누보 라고 부르죠. 코타키 라이스는 이를 쌀에 적용해 매해 '코 타키 누보^{Kotaki Nouveau}'를 출시해요. 코타키 누보에는 그 해 코타키에서 갓 재배한 햅쌀을 담아, 햅쌀이 나온 시즌에만 한정판매하는 거예요.

이처럼 와인과 쌀 사이의 공통분모를 예리하게 포착해 서 고객이 공감할 만한 포인트와 의미를 찾아냈어요. 그랬 더니 마트나 식료품 매장뿐만 아니라, 도쿄의 라이프스타 일 편집숍에서도 판매할 수 있게 됐어요. 혁신적인 프로세 스를 개발한 것도 아니고, 쌀 자체가 럭셔리 제품군도 아닌 데 쌀을 와인병에 담아 히트시킨 거예요. 여기서도 주목할 점은 쌀을 와인병에 담은 게 아니에요. 그 너머에 숨어 있 는 의미를 봐야 하죠. 달을 가리킬 때, 달이 아니라 손가락 을 보면 안되는 것과 마찬가지로요.

05

스마도리 바

논알콜 트렌드에 올라타,
'나다움'이라는 존중을 판다

경영
철학 | 컨셉
기획 | 사업
전략 | 수익
모델 | 브랜딩
마케팅 | 고객
경험 | 디자인

몸과 마음을 정화할 수 있는 바^{Bar}가 있다면 방문하시겠어요? 술을 마시는 바에서 몸과 마음을 정화한다니, 이상하게 들릴지 몰라요. 하지만 도쿄 롯폰기에 위치한 '0%'에서라면 가능할지도 모르는 일이에요. 0%는 2020년에 오픈한 도쿄 최초의 '비건 프렌들리 논알콜 바'예요.

단순히 논알콜 음료를 파는 게 아니에요. 논알콜 음료를 마시는 경험을 통해 심신의 피로와 스트레스를 다스릴 수 있도록 도와주죠. 0%라는 이름은 알콜이 0%라는 의미이기도 하지만, 몸과 마음을 원상태인 0으로 리셋해 순수하고 활력있는 삶을 경험할 수 있다는 뜻이기도 하거든요.

'우주의 첫 번째 바'를 컨셉으로 디자인한 0%는 비주얼부터 시선과 마음을 사로잡아요. 이곳에서는 우주를 표류하는 듯한 기분을 느끼며 일상의 걱정을 내려놓고 '아무 것도 생각하지 않는' 시간을 누릴 수 있어요. 컨셉만 그런 게 아니라 실제로 그럴 수 있는 장치를 마련했죠.

예를 들어 볼게요. 0%에는 20여 가지의 목테일^{Mocktail,}

^{논알콜 칵테일}이 있는데, 그중 시그니처 메뉴는 '네팔레이드 ^{Nepalade}'예요. 티무르 페퍼와 레몬, 라즈베리 등이 블렌딩된 이 칵테일은 헤드폰과 함께 서빙돼요. ASMR이 흘러 나오는 헤드폰을 쓰고 칵테일을 마시는 메뉴죠. ASMR의 편안한 비트와 칵테일의 깊이 있는 풍미가 어우러져 바깥 세상의 일은 잊고 지금 이 순간에 몰입할 수 있어요.

그 밖에도 퓨처리스틱한 공간 컨셉을 한 잔에 담은 '아이슬란드 버블^{Iceland Bubble}'은 칵테일을 보는 것만으로도 극적인 경험이 가능해요. 보랏빛 논알콜 칵테일이 담긴 마티니 잔 위로 바텐더가 커다란 거품을 만들어요. 특수하게 개발한 기계로 거품을 만들면서 동시에 그 안에 연기를 가득 채우죠. 고객이 거품을 터뜨리면 안에 있던 연기가 흘러내리며 신비한 분위기가 연출되는 거예요.

논알콜 칵테일과 오감을 자극하는 경험을 결합한 0%는 알콜 없는 술을 마시는 경험의 가치를 높여줘요. 술에 취하고 싶지 않아서 혹은 알콜이 몸에 안 맞아서가 아니라 몸과 마음을 비우기 위해 논알콜 칵테일을 마시는 거예요. 그래서 0%의 컨셉은 술을 안 마시거나 못 마시는 사람들뿐만 아니라, 원래 술을 좋아하고 즐기는 사람들도 논알콜 음료에 관심을 갖고 이곳을 찾게 만드는 힘이 있죠.

취해도, 취하지 않아도 누구나 즐길 수 있는 바

0%가 누구라도 논알콜 음료를 마셔야 하는 이유를 제안했다면, 술을 마시고 싶은 사람도, 술을 마시기 싫은 사람도 어우러질 수 있는 논알콜 바가 있어요. 도쿄 시부야에 위치한 '스마도리 바^{Sumadori Bar}'예요. 스마도리 바에서는 논알콜부터 저알콜 술까지 다양한 도수의 술을 판매해요.

스마도리 바가 논알콜 메뉴를 판매하는 기존의 바와 다른 점은 음주를 하든 안 하든 모두를 '존중'한다는 점이에요. 보통의 논알콜 바는 알콜이 0~1%인 메뉴만 판매해요. 반면 일반적인 바에서는 구색을 맞추는 정도로 논알콜 메뉴를 몇 가지 갖추고 있죠. 전자는 음주가들의 선택지가 없고, 후자는 비음주가들의 취향이 존중받지 못하고요. 하지만 스마도리 바에서는 선택한 술의 알콜 여부에 관계없이 개인의 취향과 체질이 존중받아요.

'마실 수 없는 나 자신 그대로도 좋다.'

스마도리 바의 컨셉이에요. 술을 못 마시는 사람도 술자리를 불편해하거나 눈치 보는 일 없이, 취향껏 술을 고를 수 있는 곳을 지향해요. 그래서 이곳에는 논알콜, 알콜 주류

©시티호퍼스

메뉴가 각각 100가지가 넘어요. 푸드 메뉴는 논알콜이더라
도 술을 마시는듯한 기분을 내기에 좋은 안주 메뉴를 갖추
고 있고요.

그런데 단순히 다양한 논알콜 메뉴와 알콜 메뉴를 준비
해 두었다고 해서 모든 드링커들을 존중한다고 보기는 어
려울 거예요. 스마도리 바는 그들만의 방식으로 모두가 자
신의 체질과 기분에 따라 음료를 선택할 수 있는 공간을 구
현했어요. 그래서 스마도리 바에서는 술을 마시는 사람이
든, 안 마시는 사람이든 모두의 선택이 환영 받을 수 있죠.
어떻게냐고요?

#1. 현상의 뒷모습을 보면 고객이 보인다

스마도리 바는 일본의 20~60세 사이의 8,000만 인구 중 술을 마시지 않는 4,000만 인구를 타깃하고 있어요. 그런데 '술을 마시지 않는다'는 현상은 동일하지만, 사람마다 술을 마시지 않는 이유는 여러 가지예요. 스마도리 바는 이 지점에 착안해 술을 마시지 않는 이유를 세분화했죠. 시장을 쪼개보니 술을 마시지 않는 사람들을 위한 바를 어떻게 운영해야 할지 실마리가 보이는 듯해요.

스마도리 바의 조사에 따르면 술을 마시지 않는 사람[4,000만명]은 크게 두 가지 부류로 구분할 수 있어요. 체질적으로 알콜을 섭취할 수 없는 사람들[2,420만명, A], 그리고 체질적으로는 술을 마실 수 있는 사람들[1,580만명, B]. 전자의 경우 알콜을 섭취할 수 없어도 술자리를 좋아하는 사람들[540만명, A-1]과 술집 자체를 불편해하는 사람들[1,880만명, A-2]로 또 한 번 나뉘고요. 후자의 경우 취하긴 싫으나 술자리를 좋아하는 사람들[790만명, B-1]과 술집 분위기를 부담스러워하는 사람들[790만명, B-2]이 있죠. 정리해보면, 밖에서 술을 마시지 않는 데에는 체질뿐만 아니라 공간이라는 축이 있다는 것을 알 수 있어요. 그래서 스마도리 바는 A-1과 B-1을 메인 타겟으로 정하고 체질과 공간적 요소들을 바꿨죠.

Source: 스마도리

우선 체질을 고려한 메뉴 구성부터 볼게요. 스마도리 바는 체질적으로 술이 안 받는 사람들을 위해 100가지 이상의 칵테일을 개발했어요. 그리고 100가지 메뉴 모두 0%, 0.5%, 3% 중 알콜 도수를 고를 수 있도록 했죠. 0.5% 이하의 도수는 술을 못 마시는 사람에게 적합하고, 3%는 술을 마실 수 있는 사람들을 위한 것이에요. 같은 메뉴라도 고객이 선택한 알콜 도수에 따라 도수가 다른 기주를 사용해 칵테일을 만들어 줘요.

스마도리 바는 알콜을 마시지 않는 사람들을 타깃하고 있지만, 알콜 도수가 최대 5.5%인 주류 메뉴도 구비하고 있

©스마도리 바

어요. 3%의 하드 셀처^{Hard seltzer}, 0.5~5.1%의 맥주, 5.5%의 와인이 있죠. 평소에는 술을 마시지 않지만 체질적으로는 알콜 섭취에 문제가 없는 사람들이나, 술을 마시지 않는 사람과 함께 스마도리 바를 방문한 애주가들을 위한 메뉴예요. 음주가와 비음주가가 어우러지는 공간을 지향하기 때문이에요.

다음은 공간 구성. 바 공간도 전형적인 바처럼 어둡고 취하는 분위기보다는 즐겁게 대화를 나누는 카페처럼 연출했어요. 밝은 핀 조명과 우드 소재를 사용해 '바'라는 간판이 없으면 여느 카페와 다름없는 분위기예요. 알콜이 안 받거나 싫어서라기보다는 술집 특유의 공간이 싫어서 밖에서 술을 안 마시는 사람들을 위한 전략이에요.

#2. 100가지 메뉴에 걸맞는 100점짜리 메뉴 설명

스마도리 바의 논알콜, 저알콜 음료는 일반적인 바의 논알콜 메뉴처럼 구색 맞추기가 아니에요. 알콜 도수 0%로 즐길 수 있는 100가지 이상의 칵테일 메뉴가 모두 하나하나 제대로 개발된 레시피죠. 미모사, 모히토, 모스코 뮬, 진토닉 등 기존 칵테일 맛을 그대로 혹은 더 맛있게 구현한 것은 물론이고, 스마도리 바만의 레시피로 만든 시그니처 메

어요. 3%의 하드 셀처^{Hard seltzer}, 0.5~5.1%의 맥주, 5.5%의 와인이 있죠.

뉴들도 준비되어 있어요. 맛은 기본, 비주얼까지 비음주자들의 마음을 사로잡아요.

칵테일뿐만이 아니에요. 맥주나 와인의 맛을 구현한 논알콜 음료도 있어요. 아사히에서 개발한 논알콜 맥주인 드라이 제로Dry Zero나 비어리Beery, 하이볼 맛 논알콜 하드 셀처, 논알콜 스파클링 와인 비스파Bispa 등 웬만한 술 종류는 모두 논알콜로 구현되어 있죠. 비음주가들이 취향에 맞는 논알콜 음료를 골라 마실 수 있는 바가 되기 위함이에요.

그런데 평소에 술을 마시지도 않던 사람이 100가지가 넘는 메뉴 앞에서 선뜻 자기의 입맛에 맞는 칵테일을 찾을 수 있을까요? 스마도리 바는 술 메뉴 자체가 낯선 사람들의 마음까지 헤아려 '드링크 맵Drink Map'을 만들었어요.

드링크 맵은 2개의 축을 기준으로 사분면 차트로 구성

되어 있어요. 달콤한 맛Sweet과 청량한 맛Clear이 가로축을, 부드러운 맛Mellow과 강렬한 맛Bitter이 세로축을 이루고 있죠. 각 메뉴가 맛에 따라 사분면 중 해당하는 위치에 점으로 표시되어 있어 원하는 맛의 메뉴를 보다 쉽게 고를 수 있어요.

스마도리 바의 드링크 맵은 매장 내 모든 테이블에 비치되어 있어요. 그리고 메뉴판의 카테고리도 드링크 맵의 사분면 분류를 따르고 있어요. 메뉴판에서 4가지 카테고리 중 원하는 대분류를 선택하고, 드링크 맵에서 보다 정확한 맛을 이해한 후 주문을 할 수 있죠. 주문할 때에도 어려운 칵테일 이름 대신 숫자로 주문할 수 있도록 모든 메뉴를 1부터 넘버링해 두었죠.

#3. 일본 최대 맥주 회사가 논알콜 바를 오픈한 이유

스마도리 바에서 판매하는 RTDReady to drink 메뉴는 대부분 아사히 맥주에서 만들거나 수입한 제품들이에요. 이유는 아사히 맥주와의 관계에 있어요. 흥미롭게도 논알콜 바인 스마도리 바를 오픈한 회사는 바로 일본 최대 맥주 회사 아사히 맥주예요. 2022년 1월, 아사히 맥주는 일본을 대표하는 디지털 마케팅 회사 덴츠 디지털Dentsu Digital과 함께 '주식

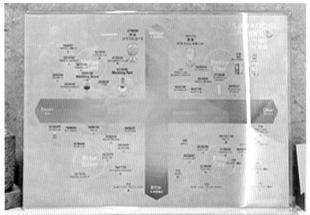

©시티호퍼스

회사 스마도리'라는 합작법인을 만들고 스마도리 바의 문을
열었어요.

그런데 맥주 바를 열어도 모자랄 판에, 아사히 맥주는
왜 논알콜 바를 열었을까요? 힌트는 고객군을 분석한 결과
에 있어요. 앞서 설명했듯 20~60세 인구 중 절반 이상이 술
을 마시지 않아요. 음주 인구가 원래 이 정도였던 것이 아니
라 시간이 지나면서 점점 줄어드는 것이 맥주 회사에게 큰
위기로 다가왔죠.

일본 후생 노동성이 애주가^{주 3회 이상, 한 번에 180ml 이상의 술을 마시}
^{는 사람들} 비율을 조사한 결과를 보면 수치가 놀라워요. 1999

년과 2019년 사이 20년 동안, 여성의 경우 수치 변화가 크게 없었지만 남성의 경우 52.7%에서 33.9%로 줄어 들었죠. 특히 20대 남성의 애주가 비율은 34%에서 13%로 급감했어요. 이 정도 변화라면 주류 회사의 생존을 위협할만하죠.

술을 마시지 않는 인구가 늘어나는 것은 거스를 수 없는 추세예요. 이런 상황에서 아사히 맥주는 돌파구를 찾아야 했어요. 그래서 술을 마시는 인구를 늘리려고 하는 대신, 술을 마시지 않는 인구들이 좋아할 만한 술을 내놓았죠. 초기의 결과물이 스마도리 바에서 판매하는 비어리, 비스파 등의 논알콜 RTD 제품들이에요. 제품 개발에 이어 논알콜 주류의 구심점이자 논알콜 음주 문화를 만들어갈 전초기지로서 스마도리 바를 시작하게 된 거죠.

게다가 스마도리 바는 미래 먹거리에 대한 단서를 찾는데에 유리해요. 스마도리 바의 주문 방식 덕분이죠. 스마도리 바에서는 좌석에 앉아 QR코드를 통해 라인^{Line}으로 주문을 해요. 주문을 디지털화하니 방문자들의 데이터가 남아요. 스마도리 바가 타깃한 고객들의 니즈, 선호도, 음주 습관 등을 분석해 신제품, 신규 서비스, 커뮤니티 등의 개발로 발전할 여지가 있다는 뜻이에요.

'스마트 드링킹'으로 미래의 음주 문화를 제안한다

그런데 변화하는 트렌드를 따라 고객 기반을 넓히기 위한 것이라면, 굳이 덴츠 디지털과 손을 잡고 합작법인까지 세울 이유가 있었을까요? 사실 스마도리 바는 두 회사가 더 큰 뜻을 이루기 위한 첫 번째 협업에 가까워요. 주식회사 스마도리는 '스마트 드링킹Smart drinking'이라는 라이프스타일을 미래의 음주 문화로 제안해요. '스마도리'라는 이름도 스마트 드링킹의 일본식 발음에서 따 왔죠.

'스마트 드링킹은 그날의 기분과 분위기에 따라 각자가 자유롭게 음료를 선택하는 새로운 라이프스타일입니다.'

아사히 맥주 홈페이지 중

스마트 드링킹에 대한 설명이에요. 스마도리는 스마도리 바를 중심으로 스마트 드링킹을 대중에게 알리기 위해 다양한 활동을 해요. 스마도리 바의 직원들은 매장 운영 외에도 스마트 드링킹을 홍보하는 '스마도리 앰배서더' 역할을 하기도 하고요. 또한 스마도리 바를 중심으로 지방 자치 단체나 기업과의 연계를 계획하고 있어요. 일례로 '시부야 미라이 디자인'과 함께 '시부야 스마트 드링킹 프로젝트'를 선

언하기도 했어요. 노상 음주나 만취로 인한 민폐 등의 음주 문제를 해결하고자 하는 거예요. 건강한 음주 문화가 안전하고 깨끗한 지역 사회를 만들기 때문이죠.

궁극적으로는 이 프로젝트를 통해 음주와 관련된 사회 문제 해결에 기여하고 다양한 음주 스타일을 존중하는 사회를 목표로 해요. 그래야 음주 인구가 점점 줄어들고 있는 시대에 아사히 맥주의 미래 또한 더 밝아질 테니까요.

긴자 오노데라

업의 구조를 꿰뚫어,
기발하게 원가를 낮춘다

일본 하면 가장 먼저 떠오르는 음식은? 라멘, 우동, 오코노 미야키 등 여러 음식이 있지만 스시를 빼놓을 수 없죠. 스 시는 식재료가 지닌 본래의 맛을 중시하는 일본 음식 문화 를 대표하는 음식이에요.

그런데 일본 스시 업계는 저가 회전 스시와 고급 스시로 양분화되어 있어요. 일본 전역에서 한 접시에 100엔^{약 1,000원} 부터 시작하는 회전 스시집을 곳곳에서 볼 수 있죠. 이들 은 대부분 대기업의 자본을 업고 프랜차이즈 형식으로 운 영돼요. 물고기를 대량으로 양식해 원가를 낮추고, 점포 운 영을 효율화해 스시를 저렴한 가격에 제공하는 거예요. 쿠 라 스시⊕, 하마 스시, 스시로 등으로 대표되는 저가 회전 스시 매장은 주머니가 얇은 서민들도 부담없이 스시를 먹 을 수 있도록 한 일등공신이에요.

반면 회전 스시집의 반대편에는 1인당 가격이 수십만원 에 이르는 고급 스시집들이 있어요. 이 고급 스시집들 대부 분은 오랜 기간 업계에서 경력을 쌓은 셰프가 주로 소규모,

TOKYO
재미에도 종류가 있다, '이득이 되는 재미'를 제안하라
쿠라 스시

그리고 예약제로 운영하죠. 더 좋은 횟감을 사용하고, 고급스러운 분위기에서 식사를 할 수 있어서 가격이 높은 건 이해가 되는데, 그렇다고 해도 저가 스시집과 가격 차이가 이렇게 크게 나는 이유는 무엇일까요?

스시는 밥과 생선으로 이루어진 간단한 음식이지만 그 세계는 겉으로 보이는 것보다 깊어요. 재료의 신선함, 생선을 손질하는 법, 그리고 밥을 뭉치고 생선을 올리는 기술이 모여 스시가 만들어져요. 생선의 맛에 집중할 수 있도록 밥의 간을 조절하는 것도 중요하고요. 스시가 입에 들어가는 순간의 맛과 경험을 위해서 이 중 어느 하나도 소홀히 할 수 없기에 스시는 종합 예술이라고도 볼 수 있어요. 그래서 일본에서는 스시 셰프를 요리사가 아니라 '장인'으로 부르기도 하죠. 오랜 시간 축적한 기술을 바탕으로 그날그날의 재료와 손님에 최적화해서 스시를 만들기 때문에 가격이 비싼 거예요.

'긴자 오노데라^{Ginza Onodera}'도 이러한 고급 스시 전문점 중 하나예요. 여느 고급 스시집처럼 오마카세 메뉴만을 제공해요. 가격은 1인당 27,500엔^{약 27만 5천원}. 여기에 서비스 요금 10%를 부과하니 1인당 30만원은 거뜬히 나오죠. 긴자 오노데라는 도쿄를 비롯해 상하이, 뉴욕, 로스앤젤레스, 하와이 등에서 스시 레스토랑을 운영하고 있는데요. 로스앤젤레스 매장은 미쉐린 별 2개, 뉴욕 매장은 미쉐린 별 1개를 받을 만큼 높은 퀄리티의 스시를 자랑하는 곳이죠.

이처럼 글로벌하게 고급 스시집으로 자리매김한 긴자 오노데라가 중가용 스시집을 선보이기 시작했어요. 저가와 고가로 양분화된 시장에서 비즈니스 기회를 본 거죠. 물론 경쟁 전략의 관점에서는 대부분의 시장이 가격을 획기적으로 낮춘 저가 시장과 차별화를 확실하게 한 고가 시장으로 이뤄져요. 중가의 애매한 시장은 사라지는 게 보통이죠. 하지만 고급 제품을 중가의 가격에 내놓을 수 있다면 상황이 달라져요. 그래서 긴자 오노데라는 양극화된 시장에서 빈 틈을 메울 새로운 모델의 스시집에 도전해요.

#1. 수요와 공급의 빈 틈을 파고든다, 회전 스시 긴자 오노데라

도쿄의 토요스 시장은 서울의 노량진 수산 시장과 같은 곳이에요. 이 시장에는 일본 전역에서 잡힌 참치 중에서도 최상의 참치만 모아서 스시 레스토랑에 공급하는 참치 도매상 '야마유키'가 있어요. 긴자 오노데라는 이 야마유키의 참치를 사용하는 것으로 유명해요. 긴자 오노데라에서는

©시티호퍼스

이 참치를 한 점에 약 2천엔^{약 2만원}에 팔아요.

그런데 비슷한 수준의 참치를 620~900엔^{약 6,200~9,000원} 사이에 먹을 수 있는 곳이 있어요. 바로 긴자 오노데라가 2021년 10월에 선보인 '회전 스시 긴자 오노데라'예요. 이름에는 긴자가 들어가 있지만 오모테산도에 위치해 있죠. 이곳에선 일본 최고의 품질을 자랑하는 생선으로 만든 스시 10개 접시를 약 5천엔^{약 50,000원} 정도에 먹을 수 있어요. 저가의 회전 스시집에 비하면 살짝 가격이 비싸지만 퀄리티에서 큰 차이가 나요.

그렇다면 긴자 오노데라에서 가격을 터무니 없이 높인 걸까요? 또는 회전 스시 긴자 오노데라에서 손해를 보면서 파는 걸까요? 둘 다 아니에요. 긴자 오노데라는 도매 시장에서 생선이 거래되는 구조에서 고급 참치를 중가로 판매할 수 있는 기회의 틈을 발견했어요. 긴자 오노데라의 수셰프 '사카가미'의 설명을 들어볼게요.

"사이즈가 큰 자연산 물고기는 싼 경우가 많아요."

다큐멘터리 〈가이아의 새벽〉 인터뷰 중

고급 스시집은 최상의 품질을 위해 양식 물고기가 아니

라 자연산 물고기를 사용해요. 하지만 대부분의 식당이 규모가 작고 하루에 소수의 팀만 응대하기 때문에 커다란 생선은 구입하지 않아요. 싱싱한 날생선을 먹는 스시의 특성상 생선이 남으면 버려야 하기 때문에 고급 스시집들은 대부분 2kg 전후의 물고기를 구매하죠. 반면 대규모 회전 스시집은 효율과 낮은 가격이 중요하기에 외국산이나 양식 물고기를 사용해요.

상황이 이러하니 큰 사이즈의 자연산 물고기는 팔리지 않는 경우가 많아요. 저녁 즈음에 수산 시장에 가면 5~9kg 정도의 자연산 물고기가 팔리지 않고 남아 있어 평소의 반 가격에 구입이 가능해요. 생선은 시간과의 싸움이라, 지금 팔지 않으면 버릴 수밖에 없으니까요. 물론 이 정도 퀄리티의 생선은 저가 회전 스시집에서는 만날 수 없죠.

이처럼 도매 시장의 구조적 문제를 활용해 스시 재료의 가격을 낮추고, 회전 스시집처럼 구성해 임대료와 인건비 등 운영비를 줄이니 퀄리티 높은 스시를 상대적으로 저렴한 가격에 즐길 수 있게 되었어요. 그런데 긴자 오노데라는 이걸로 충분하지 않다고 생각했는지, 객단가 5천엔^{약 50,000원} 수준의 또 다른 레스토랑도 런칭했어요. 이번에는 가격을 낮춘 방법이 달라요.

#2. 셰프의 트레이닝 과정을 사업 기회로 만든다, 토류몽

오노데라는 2022년 4월에 '토류몽'을 오픈했어요. 회전 스시 긴자 오노데라와 다른 점은 객단가 3만엔^{약 30만원}에 달하는 긴자 본점과 동일한 생선을 사용한다는 점이에요. 3만 엔대의 초밥과 동일한 식재료를 사용하면서 어떻게 이러한 가격대를 유지할 수 있을까요?

우선 의자 없이 서서 먹는 방식^{타치구이}으로 회전율을 높였어요. 그리고 고급 스시집에서는 생선을 직접 주방에서 손질해서 바로 대접하지만 토류몽에서 사용하는 생선은 토류몽의 주방이 아니라 근처의 긴자 오노데라 매장에서 손질한 후 이곳으로 옮겨와요. 마치 센트럴 키친을 통해 작업의 효율을 높이는 것과 같은 이치예요.

이처럼 토류몽은 효율성을 높여 가격을 낮췄어요. 하지만 이것만으로는 긴자 오노데라 본점과 토류몽의 객단가 차이를 충분히 설명하기는 어려워요. 토류몽이 가격을 낮출 수 있는 결정적 요인은 인건비예요. 긴자 오노데라를 비롯해 고급 스시집의 핵심이자 비용의 큰 부분을 차지하고 있는 셰프의 비용을 낮췄거든요. 그렇다고 스시집에 로봇을 도입한 건 아니에요. 힌트는 레스토랑 이름인 토류몽에 있어요.

토류몽은 등용문의 일본어 표현이에요. 등용문은 출세를 하기 위해 거쳐야 하는 관문이나 중요한 시험을 의미하죠. 그리고 등용문을 통과하기 위해선 기나긴 수련의 과정과 인고의 시간이 필요해요. 토류몽은 스시 장인이 되기 위해 셰프가 거쳐야 하는 이 과정을 비즈니스 모델로 만들었어요. 이를 이해하기 위해선 스시 장인이 되는 과정을 알아야 해요.

보통의 고급 스시집에는 카운터 석이 있어요. 카운터 너머를 통해 보는 장인의 손놀림은 일종의 퍼포먼스죠. 손님과 일대일로 눈을 마주치며 대화에 참여하고 손님이 먹는

속도에 맞춰 접대하는 매너 또한 스시 장인이 갖춰야 할 기술 중 하나고요. 스시 장인이 스시를 만들고 고객을 응대하는 역할을 한다면, '테고'라고 불리는 셰프들은 스시 장인을 지원하면서 생선을 손질하고, 밥을 짓는 등 가게 뒷편의 주방에서 일을 하죠.

이들은 언젠가 자기도 스시 장인이 되겠다는 꿈을 가지고 일을 해요. 하지만 스시 장인의 역할을 하기까지 시간도 오래 걸리고 대부분의 스시 장인들이 은퇴하지 않고 일하기 때문에 기회도 많지 않아요. 그래서 긴자 오노데라는 토류몽을 통해 어느 정도 실력을 쌓은 테고들, 즉 젊은 장인

들이 스시를 만들고 고객을 응대하는 경험을 쌓을 수 있게 장을 마련해 준 거예요. 긴자 오노데라는 홈페이지에서 토류몽을 이렇게 소개하고 있어요.

'손님이 키우는 스시집'

지금까지 고급 스시집에서는 '선배를 보고 배우는 것'이 주류의 방식이었습니다. 배우는 것을 우선시하다 보니 실제로 카운터에 서서 고객과 마주하는 경험은 뒤로 밀리는 경우가 많았죠.

실제로 생선을 만지고 스시를 만드는 기술을 연마하면

서, 동시에 고객에게 직접 스시를 대접하는 경험을 젊은 시절부터 연마하여 세계로 뻗어 나갈 수 있는 장소로 만든 곳이 토류몽입니다. 재료는 본점과 동일한 것을 사용하지만 젊은 장인들의 '공부비'가 들어가기 때문에 보다 합리적인 가격으로 제공합니다.

토류몽 홈페이지 중에서

결국 토류몽은 젊은 장인들의 '공부비'라는 명목 하에 가격을 파격적으로 낮춘 거예요. 고객들 또한 긴자 오노데라 본점에 버금가는 수준의 스시를 싼 가격에 먹을 수 있으니 젊은 장인들의 작은 실수 정도는 눈감아 주는 마음의 여유를 가지고 방문하죠. 오히려 응원하게 되기도 하고요. 젊은 스시 장인들에게는 토류몽이 손님들 앞에 빨리 데뷔할 수 있는 무대이자 훈련장이 되는 것이고, 여기에서 실력을 쌓으면 본점에 데뷔하는 것도 가능하죠.

#3. 기존의 룰을 깨는 조리 방법을 시도한다, 오토토혼텐

긴자 오노데라는 또 다른 브랜드의 매장도 운영하고 있어요. 회전 스시 긴자 오노데라, 토류몽이 객단가 5천엔 정도의 레스토랑이라면, 2021년 10월에 오픈한 '긴자 오노데라 오토토혼텐'은 객단가가 1만 5천엔약 15만원 수준이에요. 앞의 두 곳보다는 3배 정도 비싸지만, 여전히 긴자 오노데라 본점에 비하면 절반가량이에요. 물론 생선의 퀄리티는 긴자 오노데라 수준이고요.

이곳은 어떻게 가격을 낮췄을까요? 도쿄에서 땅값이 비싸기로 유명한 긴자가 아니라 외곽 지역인 후타고타마가와 지역에 레스토랑이 위치한 이유도 있겠지만, 그것만으로 절반가량 가격을 낮춘 것을 설명하기는 어려워요. 후타고타마가와 지역도 신흥 부촌으로 임대료가 만만치 않거든요. 더 큰 이유는 스시의 재료인 생선을 취급하는 방법에 있어요.

예를 들어 볼게요. 오징어 중에서도 단맛이 강한 식재

료인 '켄사키이카'는 주로 고급 스시집에서 만날 수 있는 재료예요. 이곳 긴자 오노데라 오토토혼텐에서는 켄사키이카를 전부 칼로 다져 스시로 만들어요. 칼로 다지기 때문에 긴자 오노데라 본점에서는 사용하지 않는 부분까지 포함시킬 수 있죠.

고급 스시집일수록 전통을 중시해서 특정 부분은 사용하지 않는다거나, 칼로 다지는 방식과 같은 조리 방법은 사용하지 않는 게 보통이에요. 하지만 긴자 오노데라 오토토혼텐은 이러한 룰을 과감히 깨고 새로운 조리 방법으로 기존의 스시집에서는 만나볼 수 없었던 요리를 만들어요. 앞서 예로 든 켄사키이카의 경우에도 오징어를 칼로 다지면 오징어가 가진 본래의 맛을 끌어올릴 수 있고, 식감도 좋아지죠.

이처럼 잘 사용하지 않는 부위를, 창의적인 아이디어로 요리해 긴자 오노데라 본점보다는 더 많은 사람들이 방문할 수 있는 가격대로 레스토랑을 운영하고 있어요. 게다가 자칫하다간 고급 스시집도 아니면서 그렇다고 저가 스시집도 아닌 애매한 포지셔닝을 갖게 될 수도 있는데, 기존의 고급 스시집에서는 볼 수 없는 조리 방법으로 온리원$^{Only\ One}$ 스시를 내놓으니 차별화를 꾀할 수도 있는 거죠.

고급 스시도 먹어본 고객이 먹는다

긴자 오노데라는 저가와 고가로 양분화된 스시 업계에서 중가 시장이라는 공백 지대를 기회로 봤어요. 경쟁 전략의 관점에서 중가 시장은 사라지는 게 보통이지만, 고품질의 스시를 중가로 내놓을 수 있다면 승산이 있다고 본 거죠. 그리고 가격을 낮추기 위해 기존의 방식을 살짝 비트는 아이디어를 냈어요.

먼저 원재료비. 회전 스시 긴자 오노데라처럼 도매 시장의 구조적 특성을 이해해 잘 팔리지 않는 커다란 자연산 물고기를 구입하거나, 토류몽처럼 센트럴 키친에서 손질된 재료를 공수받거나, 긴자 오노데라 오토토혼텐처럼 고급 스시집에서는 잘 사용하지 않는 부위를 창의적인 조리 방법으로 활용하는 등의 방식으로 생선값을 낮췄어요.

다음으로는 임대료. 토류몽의 경우 서서 먹는 방식으로 운영해 공간 효율과 회전율을 높였죠. 서서 먹는 방식이야 일본에서 보편적으로 자리 잡은 방식이지만, 스시 업계에서는 저가 스시집에서도 보기 드문 방식의 시도예요.

마지막으로 인건비. 토류몽에서는 고급 스시집에서 큰 부분을 차지하는 스시 장인의 비용을 젊은 장인들의 '공부비'라는 명목으로 확 낮췄어요. 가격을 파격적으로 낮춰 더 많은 고객들이 찾게 하는 건 물론이고, 젊은 장인들에게 성장할 수 있는 무대를 만들어줬을 뿐만 아니라 인재 육성 과정을 수익화하는 영리한 전략이죠.

이처럼 긴자 오노데라가 가격을 낮춘 레스토랑 브랜드를 내는 건 고객을 확장하기 위해서이기도 하지만 또 다른 이유도 있어요. 여러 서브 브랜드를 통해 고품질이지만 상대적으로 저렴한 스시를 제공하면서 긴자 오노데라 본점을 알리려는 목적도 있죠. 장기적으로는 고객이 최고급 브랜드인 긴자 오노데라 본점에 점점 다가올 수 있게 가격대별로 징검다리를 놓는 거예요.

이쯤 되면 긴자 오노데라를 스시 장인의 가게로 볼 수도 있지만, 전략 장인의 기업으로 볼 수도 있지 않을까요?

07

카페 론론

무제한 디저트 카페가
혼자 사는 여성을 응원하는 이유

경영
철학 컨셉
기획 사업
전략 수익
모델 브랜딩
마케팅 고객
경험 디자인

©카페론론

사람들의 속마음을 알 수 있다면? 일본 지방 은행인 무사시노 은행의 광고는 이런 물음에서 시작해요. 사람들 머리 위에 거짓말 탐지기가 달려있는 상황을 설정하는 거예요. 물론 이 거짓말 탐지기는 주인공만 볼 수 있고요. 그리고는 지방에서 도쿄로 상경해 직장 생활을 시작한 주인공의 일상에서 벌어지는 일을 묘사하죠. 거짓말 탐지기가 있다면 어떤 일이 벌어지는지 볼까요.

우선 회사 부장님의 아재 개그. 부장님 말 한마디에 팀원 모두가 박장대소해요. 하지만 머리 위의 거짓말 탐지기 바늘이 180도로 좌우를 빠르게 왔다 갔다 거리죠. 거짓말을 하고 있다는 뜻이에요. 다음은 쇼핑. 옷을 시착했는데 종업원이 잘 어울린다는 말과 함께 마지막 남은 한 벌이라고 영업 멘트를 날려요. 역시 거짓말 탐지기가 힘차게 움직이죠.

회사도, 쇼핑도 비즈니스적인 관계라 그럴 수 있다고 쳐요. 그렇다면 사적인 영역은 다를까요? 소개팅을 할 때도,

커뮤니티 모임을 할 때도 별반 다르지 않아요. 사람들이 각자의 생각, 상황, 취향 등을 말할 때마다 머리 위의 거짓말 탐지기 바늘이 쉴 새 없이 반응해요. 심지어 데이트 상대가 좋아한다는 표현을 할 때도요. 모두가 스스로를 숨기고 있는 거예요.

그렇게 도쿄 생활에 지쳐갈 때 즈음, 주인공은 오랜만에 고향에 방문요. 친구들을 만나 회포를 푸는데, 그들이 살찐거냐, 옷이 그게 뭐냐 등 뼈 때리는 말을 던져요. 농담이겠지 싶어 주인공은 머리 위에 있는 거짓말 탐지기를 슬쩍 봐요. 그런데, 엇. 거짓말처럼 바늘이 꼼짝도 않고 정중앙에 딱 멈춰 있는 거예요. 진심으로 하는 이야기니까요.

듣기 좋은 말은 아닌데, 오랜만에 듣는 가식 없는 이야기에 눈물이 핑. 왜 그러느냐는 친구들의 물음에 그녀는 오히려 렌즈 때문이라는 거짓말로 대답해요. 물론 그녀 머리 위의 거짓말 탐지기 바늘이 왔다갔다 거리고요. '역시 고향이 좋다'는 메시지로 끝나는 이 광고는 묘한 여운을 남기죠.

물론 과장된 이야기예요. 도시의 가식과 고향의 진심을 대비시키기 위한 설정이죠. 광고에서처럼 도쿄에 사는 모두가 거짓말을 하는 건 아니지만, 지방에서 상경한 사람들에게 도쿄는 낯선 곳임에는 분명해요. 사람들과의 관계뿐만 아니라 집값, 식비, 옷차림 등에 적응하기 쉽지 않으니까요.

그렇다면 도쿄에 상경한 사람들이 더 잘 정착하도록 도울 수 있는 방법이 있을까요? 무제한 디저트 카페 '카페 론론Cafe Ron Ron, 이하 론론'은 이런 마음으로 2018년에 런칭한 곳이에요.

고객 만족과 매장 수익의 접점, '회전 레일'

도쿄는 디저트 천국이에요. 도쿄에서 시작한 디저트 브랜드와 가게는 기본이고, 일본 47개 현에서 도쿄로 상경한 전통의 강호들, 그리고 전 세계에서 도쿄로 진출한 글로벌 매장들이 각축전을 벌이고 있죠. 그러다 보니 디저트의 종류

도 다양해요. 이것저것 먹어보고 싶지만, 비용이 만만치 않아요. 특히 도쿄로 상경해 식비가 빠듯한 사람들에게는 그림의 '디저트'랄까요.

　이런 사람들에게 론론은 오아시스 같은 곳이에요. 디저트를 무제한으로 먹을 수 있거든요. 그렇다고 가격이 비싸지도 않죠. 여성은 2,100엔약 2만 1천원, 남성은 2,400엔약 2만 4천원. 여기에다가 음료도 한 잔을 제공해요. 보통의 카페에서도 커피 한 잔에 디저트 케이크 하나 주문하면 1만원 정도 하니 추가로 1만원만 더 내면 디저트를 원 없이 먹을 수 있는 거예요.

다만 시간 제한이 있어요. 주어진 시간은 40분. 일본에서 하나의 장르로 자리 잡은 시간제 무한리필 업종인 '다베호다이'의 디저트 버전인 셈이에요. 시간을 정해놓기는 했지만, 고객이 너무 많이 먹으면 손해 아닐까요? 당연히 고객이 많이 먹을수록 수익이 줄어들어요. 그렇다고 많이 먹지 못하게 할 수도 없어요. 고객 입장에선 본전을 뽑지 못하면 갈 이유가 없으니까요. 이럴 경우에는 매출 자체가 떨어지죠.

이 딜레마를 해결하는 방법이 있어요. 고객이 많이 먹은 '기분'을 느끼게 해주면 돼요. 다시 말해, '가심비'를 높이는 거예요. 그래서 론론은 고객이 본전을 뽑았다는 느낌이 들도록 매장을 기획했어요. 회전 스시집에서 볼 수 있는 회전 레일을 디저트 가게에 접목했죠. 세계 최초로요. 이같은 방식은 차별화된 컨셉이기도 하지만, 가심비를 높이는 데 중대한 역할을 해요. 어떻게냐고요?

#1. 제한된 시간의 '순도'를 높인다

먹는 데 주어진 제한 시간은 가게와 고객 사이에서 첨예하게 대립해요. 제한 시간이 짧을수록 가게 입장에서는 이득이죠. 영업 시간 동안 회전율을 높일 수 있으니까요. 반대

로 고객 입장에서는 제한 시간이 길수록 유리해요. 그래야 한 입이라도 더 먹을 시간이 확보되기 때문이에요.

　이러한 상황에서 40분은 고객에게 짧아 보일 수 있어요. 그렇다면 이 제한 시간에 대한 심리적 만족도를 높이기 위해선 어떻게 해야 할까요? 디저트를 먹는 과정에서 발생하는 불필요한 시간을 줄이고, 먹는 시간을 늘리면 돼요. 회전 레일을 도입하면 이게 가능해지죠.

　보통의 시간제 무한리필은 2가지 방식으로 나뉘어요. 고객이 주문을 하면 종업원이 가져다 주거나, 뷔페처럼 음식을 펼쳐놓고 고객이 가져다 먹거나. 두 경우 모두 음식을 자리로 가져오는 데까지 시간이 걸려요. 손님이 많을 경우 대기시간이 더 길어지고요. 그런데 회전 레일에 디저트를 제공하니 이 과정을 생략할 수 있어요. 그만큼 먹을 수 있는 시간이 늘어나는 거예요.

구체적으로 계산을 해볼게요. 론론의 회전 레일은 38m. 이 레일에 접시를 다 올리면 300개 정도 둘 수 있어요. 그리고 접시가 한 바퀴 도는 데 5분 20초가량 걸리죠. 고객 자리 앞의 폭 1m를 기준으로 약 8개의 접시가 지나가는 데 8초 정도가 소요되는 거예요. 회전 레일이 계속해서 움직이니 1초에 1접시가 지나가는 셈이죠. 여기에다가 메뉴는 30여 종. 중복이 없다는 전제 하에 아무리 길어도 30초면 원하는 메뉴를 집을 수 있어요. 40분이라는 시간이 짧다고만 볼 수 없는 이유예요.

#2. 포토제닉은 기본, '무비제닉'이 필요하다

아무리 무제한 디저트 가게라 해도, 고객이 디저트의 맛이나 먹는 양에만 관심을 갖는 건 아니에요. 가게의 분위기도 중요하죠. 특히 사진을 찍어서 인스타그램 등 SNS에 올릴 수 있다면 심리적 만족도가 커져요. 이를 '가찍비'라고도 해요. 그래서 요즘 기업들이 매장을 기획할 때 불문율이 생겼

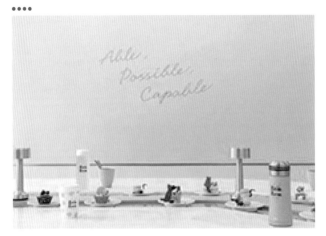

어요. 사진 찍을 거리를 만드는 거예요. 인스타그래머블해야 사람들이 오고, 고객이 SNS에 올린 사진이 또 다른 고객을 불러들이니까요.

론론도 기본에 충실해요. 우선 매장 전체의 메인 컬러를 '밀레니얼 핑크'로 꾸며 시선을 사로잡았어요. 그리고 대리석과 금색을 활용해 중앙의 테이블, 44개의 스툴 등에 고급스러움을 더했어요. 여기에다가 알록달록한 디저트가 있으니 사진 찍는 재미가 있죠. 그뿐 아니라 벽에는 'ABLE', 'POSSIBLE', 'CAPABLE' 등 모두 '할 수 있다'는 의미의 메시지를 적어두어 사람들을 응원하는 마음을 담았어요.

메시지 자체가 사진 찍는 대상이 되기도 하고요.

론론은 여기서 그치지 않고 한 단계 더 나아가요. 인스타그램 중에서도 '스토리' 기능에 주목했죠. 사람들이 피드 관리를 해야 해서 포스팅은 업로드를 신중하게 하지만, 스토리는 24시간 안에 사라져 부담 없이 올릴 수 있으니까요. 그래서 스토리와 궁합이 맞는 포맷인 동영상을 고려했어요. 포토제닉은 기본이고, '무비제닉'을 만들고 싶었던 거예요. 그런 면에서 형형색색의 디저트가 빙빙 도는 회전 레일은 무비제닉을 연출하기에 적합했죠.

이처럼 사진이나 동영상을 찍는 시간은 고객의 만족도를 높여줘요. 동시에 가게의 수익을 올려주기도 하죠. 디저트를 요리조리 위치시키면서 마음에 들 때까지 사진을 찍거나, 디저트가 회전 레일 위를 줄지어서 이동하는 모습을 동영상에 담는 시간만큼 먹을 수 있는 시간이 줄어드니까요. 이 역시도 먹는 시간은 아니지만, 고객이 스스로 선택하고 즐기는 시간이기에 대기로 낭비되는 시간과는 질적으로 다른 거예요.

#3. 먹는 양보다 중요한 건 접시를 쌓는 '기분'

이쯤에서 드는 궁금증. 론론에서 40분 동안 고객들이 평균

적으로 먹는 디저트는 몇 접시일까요? 여성은 10접시, 남성은 15접시예요. 각각 4분에 1접시, 2분 30초에 1접시를 먹는다는 뜻이에요. 제한 시간이 끝날 때쯤 빈 접시가 10개 이상 쌓인 걸 보면 뿌듯함이 밀려올 거예요. 본전을 뽑은 듯한 기분이 들 테니까요.

그런데 아무리 무제한이라고 해도 보통 사람이 40분 동안 디저트를 10접시 이상 먹는 게 쉬운 일일까요? 게다가 론론에서는 한 번에 2접시 이상 집어가지 못하게 막고 있거든요. 여러 접시를 펼쳐놓고 우걱지걱 먹거나, 다른 사람의 선택권을 빼앗는 행위를 방지하겠다는 뜻이죠. 그럼에도 평균치가 높은 비결은 디저트 구성과 크기에 있어요.

우선 디저트 구성부터 볼게요. 론론은 고객이 여러 접시를 먹을 수 있도록 메뉴 구성에 신경을 써요. 달콤한 디저트만 있으면 물릴 수 있으니 감자칩, 팝콘 등 짠맛이 있는 디저트류도 함께 제공하죠. 이렇게 단짠의 조합이 어우러져 더 많이 먹을 수 있어요. 그리고 이 구성은 회전 레일에 제공하는 방식이라 가능한 일이기도 해요. 디저트가 소비되는 상황에 따라 단짠의 밸런스를 맞춰 필요한 디저트를 회전 레일 위에 올려 놓을 수 있으니까요.

다음은 디저트 크기. 론론에서는 케이크, 마카롱, 코튼캔디, 팬케이크, 크레페 등 30여 종의 디저트를 한 입 크기로 작게 줄였어요. 사람이 평균적으로 먹을 수 있는 양은 정해져 있는데, 디저트가 보통의 카페에서 나오는 양대로라면 배불러서 여러 디저트를 먹을 수 없으니까요. 그만큼 만족도도 떨어지고요. 그래서 크기를 줄인 거예요. 이렇게 하니 고객이 10접시, 15접시를 먹어도 가게 입장에서 손해가 나지 않을 수 있죠.

이렇게 만족도를 높여도 가심비가 좋아지는데, 론론은 여기에다가 조건부로 가격 할인까지 해줘요. 분모가 되는 가격이 낮아지니 가심비가 더 커질 수밖에요. 일본에서 주요 커뮤니케이션 앱으로 자리 잡은 라인^{Line}에서 '메종 에이블$^{Maison\ Able}$' 채널을 팔로잉하면 100엔$^{약\ 1,000원}$을 깎아주는 거예요. 다만 할인은 여성에게만 해당돼요. 그런데 왜 론론도 아니고 메종 에이블 채널을 팔로잉하게 하고, 남성은 빼고 여성에게만 할인을 해주는 걸까요?

'사라지는 것'을 궁극적인 목표로 삼은 서비스

메종 에이블은 멤버십 클럽이에요. 혼자 사는 젊은 여성들의 이상적인 라이프스타일을 응원하고 실현하기 위해 2016년에 런칭했죠. 혼자 사는 여성이라면 누구나 가입 가능해요. 입회비나 연회비가 무료인데 혜택은 쏠쏠해요. F&B, 뷰티, 패션, 인테리어, 엔터테인먼트, 여행, 교육, 생활지원 등 7개 카테고리에서 약 30개의 괜찮은 기업과 협업해 제품이나 서비스를 구매할 때 할인받을 수 있게 한 거예요.

제휴 할인을 너머, 더 적극적인 사업도 해요. 의식주 분야에서 혼자 사는 젊은 여성들의 경제적 부담을 줄여주고 싶어서죠. 그래서 메종 에이블은 옷 대여 및 맞춤 스타일링 서비스인 에어 클로젯^{airCloset}과 컬래버레이션해 2016년에 도쿄 오모테산도 지역에 의류 매장을 오픈했어요. 의식주에서 '의'의 문제를 돕기 위함이에요. 물론 메종 에이블 클

럽 멤버십이면 20% 할인을 받을 수 있고요.

그리고는 그 매장 바로 옆에다가 2018년에 론론을 런칭했어요. 이번에는 식비 부담을 조금이나마 덜어주고 싶었던 거예요. 론론에서 메종 에이블 채널을 팔로잉하면 100엔을 할인해주는 이유가 여기에 있죠. 이제 주거가 남았는데, 메종 에이블은 이 영역에서 새로운 매장이나 서비스를 런칭하지 않았어요. 이미 메종 에이블의 모회사인, 부동산 중개 회사 '에이블Able'이 여성에게 부동산 중개 수수료를 할인해 주고 있으니까요.

결국 메종 에이블은 부동산 중개 회사가 혼자 사는 젊은 여성을 대상으로 만든 서비스예요. 평소에 그들이 이상적인 라이프스타일을 누릴 수 있도록 돕다가 집을 계약할 때 에이블의 서비스를 이용하게 만드는 거죠. 집 계약은 몇 년에 한 번 있으니, 다른 영역에서 접점을 만들면서 미리미리 그들을 팬으로 끌어들이려는 목적이 깔려 있어요. 그렇다면 다양한 고객층 중에 왜 하필 혼자 사는 젊은 여성일까요? 메종 에이블을 기획한 '아카호시 아키에'의 설명을 들어볼게요.

"제 스스로의 경험 때문이에요. 지방 대학을 졸업하고 도쿄에 본사가 있는 회사에 취직하려고 했는데 면접을 보기 위한 교통비도 상당했고, 아르바이트를 하면서 취업 활동을 하는 건 체력적으로도 힘들었어요. 취업 후에도 집세나 생활비 부담이 만만치 않았죠. 도쿄에서 자란 사람과 상경해 혼자 생활을 하면서 일하는 사람 사이에는 큰 격차가 있다는 걸 실감했어요. 특히 사회의 보이지 않는 불평등 때문에 여성이 겪는 어려움은 더 컸어요."

〈메종 에이블 매거진〉 인터뷰 중

지방에서 올라온 여성들이 사회적으로 핸디캡을 겪는 상황에서 그들을 돕기 위해 메종 에이블을 기획했다는 이야기예요. 그리고는 메종 에이블의 비전을 이렇게 밝혀요. '메종 에이블 서비스가 필요 없어지는 사회를 만들고 싶다'고 말이죠. 메종 에이블에서 제공하는 서비스가 필요 없다는 건, 도시로 상경해 혼자 사는 젊은 여성에게 더 이상 불리함이나 불편함이 없다는 뜻이니까요.

영속하는 서비스가 아니라 사라질 서비스를 꿈꾼다는 말이 아이러니하게 들릴지 몰라요. 하지만 무사시노 은행 광고에서처럼 그녀의 머리 위에 거짓말 탐지기가 있다면 바늘이 꿈쩍하지 않고 정중앙에 멈춰 있지 않을까요. 스스로의 경험을 바탕으로 비즈니스를 하나씩 만들면서 차근차근 키워가고 있는 걸 보면요. 그녀의 바람대로 메종 에이블 서비스가 사라질 날이 어서 오기를 기대해 봅니다.

08

누루칸 사토

11단계의 온도로,
고객 경험의 축을 바꾼다

경영
철학

컨셉
기획

사업
전략

수익
모델

브랜딩
마케팅

고객
경험

디자인

©누루칸 사토

술을 넘치게 따르면 반칙이에요. 매너가 아닐뿐더러 술이 아깝기도 하죠. 소주, 맥주, 와인, 위스키 등 대부분의 주종에 공통적으로 적용되는 룰이에요. 하지만 한가지 예외인 술이 있어요. 바로 사케예요. 이자카야에 가면 간혹 직원이 사케를 서빙할 때 잔에 넘치게 부어주는 걸 볼 수 있어요. 실수가 아니라 의도적으로요. 다만 사케가 테이블에 흐르지 않도록 사케 잔 아래에 됫박처럼 생긴 잔을 받쳐 놓죠. 사케를 마실 때 여기에 넘쳐 흐른 술까지 마시는 거예요. 그렇다면 사케를 왜 이렇게 마시는 걸까요?

사케를 잔에 넘치게 따르는 방식을 '모리코보시'라고 불러요. 모리코보시는 넘치도록 담는다는 뜻으로 사케를 됫박에 채워 팔던 시대의 전통이에요. 넉넉한 인심처럼 느껴지지만, 알고 보면 정직하면서도 계산적인 방식이죠.

과거에는 사케를 됫박에 가득 채워 팔았는데, 1됫박은 180ml였어요. 시간이 흐르면서 됫박이 아니라 사케 잔을 쓰기 시작했어요. 그런데 사케 잔은 크기가 180ml보다 작

앉어요. 가게마다 잔의 크기가 들쭉날쭉했고요. 1됫박의 정량을 따라주기가 어려웠던 거예요. 그래서 사케 1됫박을 남김 없이 따라주기 위해 더 큰 잔을 아래에 받치고 술을 넘치게 따라주게 됐죠.

이제 사케의 용량 체계가 달라졌어요. 더 이상 1됫박이냐 아니냐를 따지는 사람은 없죠. 하지만 모리코보시는 이자카야 등에서 사케를 따라줄 때 정과 인심을 표현하는 문화로 발전했어요. 술을 넘치게 따르는 행위 자체가 하나의 퍼포먼스가 되기도 했고요. 이렇게 따른 사케를 마시는 정해진 방식은 없지만, 보통은 표면장력이 팽팽한 술잔의 술을 어느 정도 마신 뒤 남은 공간이 생기면 아래의 술잔에 넘쳐 흐른 사케를 술잔에 다시 부어 마셔요.

똑같은 사케를 마셔도 모리코보시 방식으로 마시면, 사케를 다른 차원으로 경험할 수 있죠. 하지만 이 방식은 사케를 즐기는 일부분일 뿐이에요. 온도, 정미도, 향, 지역 등의 축을 고려하면 사케는 그 자체로 입체적인 술이니까요. 도쿄에 있는 이자카야인 '누루칸 사토Nurukan Sato'는 사케의 해상도를 높여서, 그동안 경험해 보지 못했던 사케의 입체감이 살아나게 해주는 곳이에요. 그래서 시티호퍼스가 시부야 '히카리에'에 있는 누루칸 사토를 방문했죠.

©시티호퍼스

　누루칸 사토의 차별점은 사케를 마셔보기도 전에 메뉴판에서부터 볼 수 있어요. 보통의 아자카야에서는 요리 메뉴 리스트가 술 메뉴보다 많은데, 누루칸 사토에서는 그 반대예요. 요리 메뉴는 한 장이고, 사케 메뉴가 메뉴판 한가득이에요. 사케의 이름보다 도식화 된 표들이 먼저 눈에 들어오고, 사케 이름과 가격 이외에도 다양한 정보가 나와있죠. 그래서 메뉴판을 천천히 분석해 봤어요.

#1. 온도 - 하나의 사케에는 11가지 다른 이름이 있다

메뉴판의 첫 페이지는 가게의 얼굴이에요. 가장 먼저 고객의 눈길이 머무는 곳이니 시그니처 메뉴, 추천 메뉴, 오늘의 요리 등을 소개하는 것이 일반적이죠. 그런데 누루칸 사토는 메뉴판 첫 페이지에서 온도별로 즐길 수 있는 사케에 대해 설명해요. 그것도 무려 11단계로 나눠서요. 이곳에서는 최저 0도에서, 최고 55도까지, 5도 단위로 사케를 즐길 수 있어요. 심지어 온도마다 사케를 부르는 명칭도 다르죠.

술은 일반적으로 맛있다고 느끼는 온도가 정해져 있어요. 맥주는 목넘김이 좋은 4~12도, 레드 와인은 실온인 13~15도, 소주는 7~10도가 가장 맛있다고 얘기해요. 취향에 따라 온도차가 있을 수 있어도, 범위가 크지 않아요. 그런데 사케는 다양한 온도로 마시는 것이 가능한 술이에요. 얼음같이 차갑게 마실 수도, 뜨겁게 데워서 마실 수도 있어요. 온도에 따라 술의 맛과 향에 섬세한 변화가 생기죠. 차가울수록 깔끔한 목넘김이 좋고, 뜨거울수록 퍼지는 향이 매력적이에요.

누루칸 사토에서는 온도의 술인 사케를 원하는 온도로 즐길 수 있어요. 최소 주문 단위인 1합[180ml] 이상 주문하면 어떠한 사케든 자신이 원하는 온도를 정할 수 있죠. 극단적

0℃	5℃	10℃	15℃	20℃	35℃	40℃	45℃	50℃	55℃
미조레 みぞれ	유키비에 雪冷え	하나비에 花冷え	스즈비에 涼冷え	죠온 常温	히나타칸 日向칸	히토하다칸 人肌燗	누루칸 ぬる燗	죠우칸 上燗	아츠칸 熱燗	토비키리칸 飛び切り燗
0℃ 전후	5℃ 전후	10℃ 전후	15℃ 전후	20℃ 전후	30℃ 전후	35℃ 전후	40℃ 전후	45℃ 전후	50℃ 전후	55℃ 전후

차가운 술   뜨거운 술

Source: 누루칸 사토

으로는 똑같은 술을 가장 차가운 0도와, 가장 뜨거운 55도로 마시면서 맛과 향의 차이를 경험해 볼 수도 있고요.

모든 사케를 11가지 온도로 즐길 수 있지만, 이런 방식이 고객에게는 낯설 수 있어요. 게다가 사케는 종류에 따라 마시기 좋은 적정 온도가 다른데 고객은 잘 모를 수 있죠. 그래서 누루칸 사토는 메뉴에 '점장의 추천 온도'라는 카테고리를 만들었어요. 사케별로 어울리는 온도를 제안해주는 거예요. 오토코야마라는 술에는 15도인 스즈비에와 50도인 아츠칸을 추천해주고 타마가와는 40도인 누루칸과 50도인 아츠칸을 추천해주는 식이에요.

고객이 특정 온도의 사케를 주문하면 주방에서는 주문

©시티호퍼스

한 온도에 맞춰 사케를 차갑게 식히거나 뜨겁게 데워줘요. 서빙을 할 때는 사케가 담긴 주전자를 갈색 나무 상자에 넣어서 내어주는데, 이는 온도를 보존해주는 보온병의 역할을 해요. 사케를 천천히 마셔도 온도를 유지해주는 효과가 있죠. 온도를 고르는 재미를 느끼면서 메뉴판의 다음 장을 펼치면 더욱 정교한 사케의 세계가 나타나요.

#2. 정미율 - 쌀을 깎을수록 사케의 맛이 살아난다

사케는 쌀, 물, 누룩으로 만드는 술이에요. 그래서 핵심 재료인 쌀을 어떻게 처리하느냐가 사케 맛을 좌우하죠. 쌀을 넣을 때 중요한 키워드는 '순미'와 '정미'. 순미는 사케의 순

[쌀 / 물 / 쌀 누룩]		[정미율]	[쌀 / 물 / 쌀 누룩 / 양조 알콜]	
준마이 다이긴죠 純米大吟醸		50%	**다이긴죠** 大吟醸	
준마이 긴죠 純米吟醸		60%	**긴죠** 吟醸	
준마이 純米		70%	**혼죠조** 本醸造	
			후츠슈 普通酒	

Source: 누루칸 사토

도를 나타내는 기준이고, 정미는 쌀을 얼마나 깎았는지 나타내는 척도예요.

여기에다가 무엇을 첨가하느냐에 따라 2가지로 구분돼요. 순수하게 쌀만 들어가는 사케를 순미라는 뜻의 '준마이', 양조 알콜을 섞으면 '혼죠조'로 불러요. 준마이는 쌀 본연의 개성을 즐길 수 있고, 혼죠조는 양조 알콜로 강화된 향과 맛을 느낄 수 있어요.

준마이와 혼죠조는 쌀을 깎고 남은 정도, 즉 '정미보합'에 의해 등급이 나뉘어요. 이를 퍼센트로 표현하는데, 정미율 50%는 쌀의 주변부를 50% 정도 깎아내고 남은 중심부의 쌀로 사케를 만들었다는 의미예요. 사케의 맛과 향을 강화하기 위해 쌀을 깎아내는 거죠. 쌀의 중심부만 사용하면, 곡식의 잡내도 함께 깎이며 고유의 향이 살아나요. 당연히 같은 양의 사케를 만들기 위해 더 많은 양의 쌀이 필요해, 정미를 많이 할수록 가격도 올라가고요.

다시 누루칸 사토의 메뉴판을 볼까요? 준마이와 혼죠조 이름을 그대로 사용하는 사케는 정미율이 70%예요. 보통의 기준인 셈이에요. 여기서 정미율 60%의 사케는 '긴죠', 50%의 사케는 '다이긴죠'라고 부르죠. 그래서 '준마이 다이긴죠'는 쌀과 누룩만을 사용한, 50% 이하의 정미율을 가진 사케인 거예요. 정미를 더 많이 했으니 일본 사케 중 최고 등급 중 하나겠죠? 사케를 구분할 때는 순미와 정미, 이 두 가지를 기억하세요.

#3. 향 - 1만여 종의 사케는 4가지 향으로 구분된다

온도, 순미, 정미로 구분해도 이미 사케를 다채롭게 즐길 수 있는데, 여기서 끝이 아니에요. 향에 따라서 사케의 맛이 또 달라지죠. 그래서 일본에서 생산하는 1만여 종의 사케는 향의 특징과 정도를 기준으로 2x2 매트릭스로 구분할 수 있어요. 매트릭스에서 오른쪽으로 갈수록 농후해지고, 위쪽으로 갈수록 화려해지죠.

•••••

•••••

　누루칸 사토에서도 보유하고 있는 사케를 4가지 타입으로 구분해요. 여기에다가 시각적으로 한 눈에 인지할 수 있도록 색상으로도 구분해 놓았어요. 화려한 향과 상쾌한 맛의 쿤슈는 초록색, 온화하고 상쾌한 맛의 소슈는 파란색, 화려한 향과 농후한 맛의 주쿠슈는 빨간색, 그리고 온화하고 농후한 맛이 있는 준슈는 주황색이에요. 그래서 어떠한 사케를 보더라도 맛과 향의 특징을 직관적으로 확인할 수 있죠.

　이렇게 사케를 구분하는 또 다른 이유가 있어요. 요리와의 궁합을 위해서죠. 사케는 특성에 따라 어울리는 음식을 페어링해서 먹을 수 있어요. 향기로운 타입의 쿤슈는 애피타이저처럼 가벼운 음식과 상큼하게 즐길 수 있어요. 상쾌한 맛의 소슈는 어떠한 요리와도 어울려요. 준슈는 맛은 진하지만 향이 부드러워 서양 요리와 곁들이면 좋죠. 숙성의 감칠맛이 있는 주쿠슈는 푸아그라, 장어구이 등과 찰떡 궁합이고요.

누루칸 사토의 메뉴도 페어링을 고려해 다양한 메뉴로 구성되어 있어요. 가벼운 사케와 먹을 수 있는 샐러드부터 시작해 바디감이 있는 사케와 어울리는 오뎅, 꼬치구이, 간 요리 같은 메뉴도 있죠. 이제 이쯤 되면 메뉴판을 다 본 것 같아 주문하려고 하는데, 또 한번 눈길이 간 곳이 있어요. 사케 이름보다도 앞에 나와있는 정보, 바로 지역이에요.

#4. 지역 - 지역색이 강할수록 사케의 세계는 깊어진다

누루칸 사토의 메뉴판에는 30여 종의 사케가 있어요. 그런데 같은 지역에서 나온 사케는 하나도 없어요. 맨 처음 나와있는 사케부터 순서대로 읽다보면 메뉴판으로 일본 여행이 가능할 정도예요. 일본의 최북단인 홋카이도를 시작으로 일본의 3대 사케 생산지인 교토를 거쳐, 남부 후쿠오카에서 마무리되는 메뉴판 여행이죠.

지역의 물과 쌀, 그리고 기후에 큰 영향을 받는 사케는 일본의 47개 현마다 그 특징이 전부 달라요. 깔끔한 물 덕분에 니가타 지역은 술도 물같이 부드럽고 목넘김이 좋아요. 반대로 고베 지역에서는 강하고 드라이한 맛의 사케가 양조되죠. 여기에 각 지역에서 대대로 내려온 양조 방법이 더해지면서 사케의 지역색은 더욱 강해져요. 누루칸 사토에서 지역별로 1개의 사케만을 가져다 놓으니 사케끼리 비교해가며 그 차이를 즐기는 재미도 쏠쏠해요.

이처럼 누루칸 사토에서는 #1.온도 #2.정미율 #3.향 #4.지역에 따라 사케를 구분하고 한 눈에 볼 수 있는 메뉴를 만들었어요. 덕분에 사케를 입체적으로 경험할 수 있죠. 이런 요소를 고려해 드디어 주문을 하면, 사케를 받기까지 하나의 관문을 더 거쳐야 해요. 바로 사케 잔을 고르는 거예요.

사케가 나오기 전에, 종업원이 바구니에 한 가득 담긴 여러 사케 잔들을 가져와요. 각자가 선호에 따라 1잔씩 고를 수 있죠. 사케 잔도 형태와 재질에 따라 어울리는 사케가 있어요. 일반적으로 가장 많이 접하는 오초코잔은 45ml 정도의 용량으로 한 입에 마실 수 있는 크기에요. 이때 향이 강한 사케는 입구가 넓은 잔을, 맛을 확실히 느끼

고 싶을 때는 입구가 좁은 잔을 추천해요. 차가운 사케는 유리잔인 레이슈 잔에 마시면 더 맛있게 즐길 수 있죠.

드디어 주문한 사케가 나왔어요. 이때 사케와 함께 설명 카드를 제공해줘요. 주문한 사케의 이름, 생산 지역, 마시기 좋은 온도, 사용한 쌀, 양조 방법, 추천하는 메뉴 등이 적혀 있어요. 선택한 사케에 대한 정보를 정리해놓은 요약집 역할을 하는 거예요. 손님 입장에서는 마음에 드는 사케를 기억하고, 사케에 대한 이해도를 높이는 매개체가 돼요. 가게 입장에서는 사케를 설명하는 종업원 역할을 대신하기도 하고요.

사케의 팬을 만들기 위한 전초기지

누루칸 사토는 2012년에 도쿄의 롯폰기 지역에 1호점을 열었어요. 2022년에는 9개의 지점으로 늘어났죠. 긴자, 마루노우치, 시부야 등 도쿄 내 주요 상권은 물론이고 오사카 등 다른 지역으로도 확장한 거예요. 그런데 체계적인 누루칸 사토의 메뉴판처럼, 지점 확장도 체계적으로 한다는 점이 흥미로워요.

누루칸 사토는 상권과 분위기에 따라 각 지점을 구분해요. 리치Rich, 미들Middle, 캐주얼Casual, 스페셜티Specialty 등 4

가지로요. 그리고 각 지점에 맞는 인테리어와 메뉴를 구성하죠. 예를 들면 이런 식이에요. 사케를 어느 정도 즐길 줄 아는 직장인이 주타깃인 마루노우치 지점은 미들로 분류해요. 누루칸 사토 매장의 기본이 되는 형태와 구성을 가지고 있죠. 반면 젊은층과 여성 유동인구가 많은 시부야 지점은 캐주얼로 구분하고요. 그래서 사케 초보자와 여성이 부담 없이 즐길 수 있는 스파클링 사케, 저알콜 사케 등은 시부야 지점에서만 만나볼 수 있어요.

그렇다면 누루칸 사토는 왜 이렇게까지 사케를 경험하는 방식을 체계화하는 걸까요? 누루칸 사토를 운영하는 모회사인 '도쿄 레스토랑 팩토리Tokyo Restaurant Factory'의 비전에 그 힌트가 있어요.

'일본의 품질을 전 세계에 전파하고, 일본의 팬을 만듭니다.'

도쿄 레스토랑 팩토리의 비전이에요. 2003년에 시작한 이후, 일본의 팬을 만든다는 목표를 가지고 일본 요식업의 글로벌 시장 진출을 고민해왔어요. 야키토리와 같이 편하게 먹을 수 있는 캐주얼 매장부터 고급스러운 미쉐린 레스토랑까지 스펙트럼이 다양하죠. 누루칸 사토도 그중 하나로, 일본의 사케와 주류 문화를 세계에 전달하기 위한 전초기지 역할을 하는 거예요. 그러니 사케에 진심일 수밖에요.

　이 정도로 사케에 대한 해상도를 높이고, 사케를 입체적으로 경험할 수 있게 만들면 국경을 넘어서도 사케의 팬이 생기지 않을까요? 물론 언어적으로 외국인 친화적인 소통 방법을 찾아야 하는 숙제가 남아 있어 보이긴 하지만요.

09

하나노히

배송 불가를 선언한
꽃 구독 서비스의 역발상

경영 철학 | 컨셉 기획 | 사업 전략 | 수익 모델 | 브랜딩 마케팅 | 고객 경험 | 디자인

©하나노히

혁신적이'었'지만, 안타깝게도 과거형이 된 서비스가 있어요. 2015년에 미국 뉴욕에서 시작한 '후치^{Hooch}'예요. 매달 9.99달러^{약 1만 3천원}를 내고 멤버십에 가입하면 뉴욕 맨해튼에 있는 수백 개의 멋진 바에서 칵테일 한 잔을 무료로 마실 수 있는 서비스였죠.

애주가들의 귀를 솔깃하게 하는 이 서비스는 인기를 끌었어요. 서비스 출시 2년 만에 매출 200만달러^{약 26억원}를 달성했고, 약 20만명의 회원을 확보했죠. 게다가 벤처캐피털로부터 775만달러^{약 98억원}에 달하는 초기 투자를 받으며 화제가 되기도 했어요.

인기의 비결은 가성비 넘치는 경험이었죠. 후치의 멤버십에 가입하면 후치와 제휴한 술집을 방문해 매일 한 잔의 술을 무료로 마실 수 있으니까요. 뉴욕에서 칵테일 한 잔을 마시려면 만원 이상이 드니 한 달에 칵테일 한 잔만 마셔도 고객은 본전을 뽑고도 남아요. 여기에다가 여러 칵테일바를 가격 부담 없이 이용해 볼 수 있어요. 칵테일을 아예 마시지 않거나 술을 연례행사 정도로 마시는 사람이 아니라면 멤버십에 가입하지 않을 이유가 없는 서비스였죠.

그렇다면 술집은 손해를 보는 장사일까요? 바를 운영하는 입장에서는 후치 앱에 자기 매장이 노출되면서 마케팅 효과를 얻을 수 있어요. 단순히 후치 앱에서 칵테일 바의 이름을 노출하는 정도에 그치지 않고, 고객의 방문으로 이어지니 모객을 해주는 괜찮은 마케팅 채널인 거죠. 쿠폰을 받은 고객 중 60%가 실제로 매장을 방문해 쿠폰을 사용했을 정도예요.

또한 수익적으로도 의미가 있어요. 대부분의 고객이 한 잔만 마시고 일어서는 것이 아니라 추가로 술을 주문하기 때문이죠. 그리고 데이트나 미팅 목적으로 2명 이상이 칵테일 바를 찾는 경우엔 추가 매출이 발생할 수밖에 없고요. 후치의 통계에 의하면 무료 칵테일만 마시고 바를 떠나는 멤버십 회원의 비율은 10% 미만이고, 1인당 평균 30~40달러_{약 3만 9천원~5만 2천원}를 추가로 지출하는 것으로 조사됐다고 하니 무료로 제공하는 첫 잔은 고객을 매장으로 유입하기 위한 마케팅 비용인 셈이죠.

후치의 멤버십 구독 서비스의 혁신은 여기에 있었어요. 전방위적으로 확산되고 있는 구독 서비스의 공통점은 '받아보기'예요. 일상용품이건, 큐레이션 해주는 제품이건, 맞춤화된 제품이건 멤버십 구독을 하면 고객이 있는 곳으로 보내주죠. 후치는 반대였어요. 고객을 오프라인 매장으로 불러냈죠. 구독 서비스의 새로운 모델 혹은 역할을 제시한 거예요.

이처럼 작지만 큰 혁신을 시도했던 후치는 현재 서비스를 종료한 상황이에요. 복합적 이유가 있었겠지만, 아무래도 코로나19 팬데믹으로 인한 직격탄을 맞았다고 볼 수 있어요. 사람들의 외부 활동이 줄고 칵테일 바 영업에 제한이 있는 상황에서 버틸 재간이 없었던 거죠. 그렇다고 구독 서비스의 새로운 모델에 대한 불씨가 꺼진 건 아니에요. 일본 도쿄에 있는 '히비야 화단Hibiya Kadan'이 2019년 6월부터 선보인 구독 서비스 '하나노히Hananohi'가 있으니까요.

#1. 꽃을 구독하세요, 대신 받으러 와야 해요

하나노히는 히비야 화단이 운영하는 꽃 구독 서비스예요. 이런 서비스는 전 세계 곳곳에 흔히 있는 모델이죠. 그런데 하나노히는 보통의 꽃 구독 서비스와는 달라요. 집으로 꽃을 배달하는 것이 아니라 고객이 매장에서 직접 꽃을 픽업하는 방식으로 운영하죠.

©시티호퍼스

편하자고 구독 서비스를 이용하는 건데, 매장에 직접 가서 꽃을 받아야 한다면 불편하지 않을까요? 그럴 수도 있지만 도리어 매장으로 꽃을 가지러 간다는 점이 고객에게 매력으로 작용했어요.

집으로 꽃을 배송받는 구독 서비스는 꽃을 선택하거나 조합하는 것을 업체에 맡겨요. 하지만 하나노히의 멤버십을 구독하면 고객이 직접 꽃을 고를 수 있어요. 그날의 기분에 맞춰 꽃 색을 선택한다든가, 여태까지 몰랐던 종류의 꽃을 새롭게 시도해보는 등 고르는 즐거움을 느낄 수 있는 거죠.

방식도 간단해요. 스마트폰 앱에서 원하는 요금제를 선

택하고 구독을 시작한 후 매장에서 QR코드를 보여주면 끝. 꽃을 수령할 수 있는 매장은 170여 곳이 있으며 대부분 도심에 모여 있어요. 히비야 화단 매장이 전국에 190여 곳 있으니 사실상 대부분의 매장에서 가능한 서비스예요.

서비스 요금은 한 송이냐, 한 다발이냐를 기준으로 크게 6가지로 구분돼요. 우선 월 6회 꽃 한 송이를 받는 플랜의 경우 987엔^{약 1만원}, 매일 꽃 한 송이를 받는 플랜의 경우 1,987엔^{약 2만원}이에요. 월 6회 받는 플랜의 경우 1,700원, 매일 받는 플랜의 경우 1,000원 이하로 꽃 한 송이를 살 수 있는 거예요. 배송비가 들지 않으니 가능한 가격이죠.

물론 꽃다발을 받을 수도 있어요. 꽃다발의 종류에 따라 2,687엔^{약 2만 7천원}, 3,987엔^{약 4만원}, 8,787엔^{약 8만 8천원}, 15,878엔^{약 16만원} 등의 4가지 요금제로 구성되어 있죠. 코로나19 팬데믹 이후 회원 수가 급증하면서 2022년 10월을 기준으로 4만명을 돌파했어요. 서비스 개시 2년 4개월만에요.

#2. 꽃을 구독하세요, '꽃알못' 탈출을 도와드릴게요

후치 서비스처럼, 하나노히 멤버십은 꽃을 살 사람이라면 가입을 안하는 게 손해인 서비스예요. 꽃 한 송이를 사려면 만원 안팎이 드니, 고객 입장에서는 월 6회 꽃 한 송이를 받는 플랜을 신청하고 한 송이만 받아가도 본전이니까요. 그 이상이면 고객에게 이득이죠. 2만원가량에 매일 꽃 한 송이를 받는 플랜은 고객이 혜택을 누릴 가능성이 더 크고요.

반대로 이야기하면 꽃집 입장에서는 손해일 수도 있어요. 그럼에도 불구하고 히비야 화단이 하나노히 구독 서비스를 선보인 이유는 꽃을 소비하는 새로운 문화를 제안하고 기존과 다른 고객층에 다가서기 위함이에요. 히비야 화단의 비즈니스 솔루션 사업본부 매니저인 '타니 마유미'의 설명을 들어볼게요.

"꽃을 좀 더 가깝게 느끼고 가벼운 마음으로 구매할 수 있는 시스템을 만들고 싶어요."
〈닛케이 크로스 트렌드〉인터뷰 중

고객이 일상에서 가벼운 마음으로 꽃을 즐길 수 있는 기회를 제공하는 게 하나노히의 목적이라는 뜻이에요. 일본 역시 아직 꽃은 생일이나 기념일에 주는 특별한 선물이라는 인식이 강하고, 자신을 위해 꽃을 구매하는 사람이 많지 않아요. 또한 집에 꽃을 두고 싶지만 꽃집에 가는 것 자체에 부담을 느끼는 사람도 적지 않고요. 그런데 꽃 한 송이를 혹은 꽃 한 다발을 금전적 부담없이 접할 수 있다면 아무래도 꽃을 일상에 가깝게 둘 수 있겠죠.

꽃을 소비하는 새로운 방식을 제안하는 만큼 타깃도 달라요. 하나노히의 주 타깃은 꽃에 관심은 있지만 인테리어에 사용해본 적이 없거나, 꽃의 장식법을 잘 모르는 20~30대 여성이죠. 서비스가 시작된 후에는 40대 여성에게도 인기를 끌고 있어요. 의외인 점은 여성뿐만 아니라 남성 고객도 10% 정도를 차지한다는 거죠. 특히 30~40대 남성이 아내를 위해 하나노히를 구독한 후 퇴근길에 꽃을 받으러 오는 경우가 많아요.

이처럼 꽃에 관심이 없던 혹은 꽃을 잘 모르는 신규 고객층을 모객할 수 있다는 게 하나노히의 큰 장점이죠. 게다가 이런 분들은 매장에 방문한 김에 꽃병이나 꽃 관리 도구 등 주변 상품을 구매할 가능성이 높아요. 그동안 집에서 꽃을 가꿔본 적이 없으니까요.

만약 헤비 유저면 어떻게 하냐고요? 그래도 큰 문제는 없어요. 우선 단골이 되니까 앞으로는 다른 꽃집에 잘 안 갈 테고, 헤비 유저인 만큼 주변 제품들에 대한 소비도 클 것이며, 꽃은 생화라 어쩔 수 없는 폐기율이 있는데 그걸

줄여줄 뿐만 아니라, 구독료가 있어서 최소한의 원가는 보전할 수 있을 테니까요.

#3. 꽃을 구독하세요, 리프레시의 계기가 필요하다면요

멤버십을 구독하는 고객들이 꽃을 픽업하러 가는 시간대는 언제일까요? 퇴근 시간이 아니라 의외로 점심 시간이나 업무 시간 중 혹은 가사 중 휴식 시간을 이용해 꽃을 가지러 가는 경우가 많아요. 휴식 겸, 산책 겸 꽃을 가지러 가는 것이 하나노히의 매력인 거죠. 이와 관련해서 고객의 목소리를 들어볼게요.

"리모트 워크로 방에서 계속 지내는데 하나노히 덕분에 산책할 기회가 생겼어요."

〈닛케이 크로스 트렌드〉인터뷰 중

매장으로 꽃을 받으러 외출하는 일이, 실내 생활을 지속해야 하는 코로나19 팬데믹 시기에 활력을 주고 일상을 풍부하게 만들어준다는 의견이 눈에 띄어요. 꽃을 픽업하러 가는 것이 불편함이 아니라 긍정적인 요소로 작용한 거예요. 집에서 배송받는 꽃 구독 서비스에 비해 매장에서 픽업하는 방식은 꽃을 직접 보고 선택할 수 있을 뿐만 아니라 꽃에 관해 설명을 듣고 지식을 쌓아가는 혜택을 누릴 수도 있죠. 이것이 하나노히 서비스를 차별화하는 포인트예요.

코로나19 팬데믹 시기라 꽃집에 가는 행위에 더 큰 가치가 부여되긴 했지만, 이 시기가 아니었더라도 고객은 유사한 감정을 느꼈을 거예요. 서비스를 설계한 기획의도가 그랬으니까요. 이번에는 히비야 화단 매니저의 설명을 들어볼게요.

"배달이 아닌 오프라인 매장에서 꽃을 받는 형식으로 만든 이유가 있어요. 고객들이 실제로 꽃집을 방문해 더 많은 꽃을 만져보고 향기를 맡아보길 바라기 때문이에요. 우리는 매장에 늘어선 꽃이 계절별로 바뀌는 것을 보면서 고객들이 계절감을 느끼길 바라요."

〈닛케이 크로스 트렌드〉인터뷰 중

꽃으로 고객의 일상을 리프레시하겠다는 뜻이에요. 이러한 목적을 가지고 있기 때문에 히비야 화단에서 근무하는 점원들의 역할도 달라졌어요. 일상을 환기시키거나 자신을 위해 꽃을 가져가는 고객의 방문이 늘어나니, 점원들도

고객이 거주하는 공간의 분위기 혹은 고객의 라이프스타일에 맞춰 꽃을 제안하는 비중이 높아졌어요. 과거에는 선물용이나 특정 기념일에 맞춰 고객에게 꽃을 추천하는 일이 대부분이었는데 말이죠.

구독을 재발견해 보세요, 오프라인 매장을 위해서

오프라인 매장의 설자리가 좁아지는 시대에, 하나노히의 시도는 눈여겨볼 만해요. 구독 서비스를 통해 고객을 오프라인 매장으로 불러들였으니까요. 이런 방식으로 고객을 매장으로 유인하는 건 리테일 업계에서 흔히 이야기하는

'미끼 상품'보다 더 강력한 효과가 있어요.

고객 입장에서 미끼 상품은, 매장에 가서 구매하면 이득이고 구매하지 않는다고 해서 손해보는 건 아니잖아요. 반면 구독 서비스는 오프라인 매장에 직접 방문하지 않으면 고객 입장에선 손해가 날 수 있어요. 적은 금액이라 할지라도 미리 돈을 낸 상황이니까요. 게다가 매장에 자주 가면 추가 비용을 내지 않고서도 더 많은 혜택을 누릴 수 있고요.

물론 체리 피커도 있고, 헤비 유저도 있어서 손해를 보는 경우도 있을 거예요. 그럼에도 불구하고 오프라인 매장으로 고객을 불러들여 시간을 보내게 하면 평균적으로, 그리고 장기적으로 더 큰 매출로 이어질 가능성이 높아지죠. 견물생심이라고 매장에 온 사람들이 추가 구매를 하기도 하고, 자주 가다보면 단골이 되기도 하니까요.

구독 서비스 자체는 특별할 게 없어요. 많은 영역에서 도입해 활용하고 있는 비즈니스 모델이죠. 하지만 하나노히처럼 역발상을 하면 구독 서비스에서 새로운 가치를 발견할 수 있어요. 뻔하다고 생각했던 비즈니스 모델도 다시 들여다 봐야 하는 이유예요.

노즈숍

'향수 뽑기'를 시그니처로,
시장의 허를 찌른 향수 편집숍

경영
철학　컨셉
기획　사업
전략　수익
모델　브랜딩
마케팅　고객
경험　디자인

360개가 넘는 향수가 있습니다. 이 중에서 나에게 맞는 향수를 고르려면 시간이 얼마나 걸릴까요? 일일이 다 테스트 해보거나 비교한 후 선택한다면, 30초에 하나씩 확인한다 해도 3시간은 족히 필요하죠. 그런데 이 향수 매장에서는 3초면 충분해요. 향을 맡아보지 않아도 나와 운명을 함께하는 향수를 단번에 알 수 있으니까요. 어떻게냐고요?

향수 브랜드 '366'은 향수를 고르는 기준을 바꿨어요. 향기에서 '날짜'로요. 패키지에 날짜를 적어놓고 생일이나 기념일에 해당하는 향수를 바로 찾을 수 있게 한 거예요. 이렇게 하니 시향하지 않고도 선택하는 게 가능해져요. 그래서 브랜드 이름도 1년을 구성하는 일수인 366이죠. 1년은 365일 아니냐고요? 4년에 한 번씩이긴 해도 윤달이 있는 해는 366일이에요. 366보다 365가 더 익숙하지만 예외를 소외시키지 않겠다는 배려예요.

셀프 선물이 아니라 누군가에게 선물을 할 때도 신경 쓸 일이 덜해요. 취향에 맞을지, 잘 어울릴지 등을 걱정하지

©시티호퍼스

MONTH (OIL)

1 로즈마리
2 레몬
3 유칼립투스
4 자몽
5 로즈 제라늄
6 박하
7 라벤더
8 베르가못
9 일랑일랑
10 프랑킨센스
11 오렌지 스위트
12 사이프러스

DAY (FRAGRANCE)

1	2	3	4	5	6	7
그린티	로즈베리	스파이스 시트러스	카모마일	사과	오션 시트러스	화이트 머스크
8	**9**	**10**	**11**	**12**	**13**	**14**
허브 플로럴	프레쉬 오리엔탈	로즈마리	레몬 백단	과일 허브	코코넛 베리	프레쉬 허브
15	**16**	**17**	**18**	**19**	**20**	**21**
프레쉬 플라워	라벤더	플로럴 머스크	버베나	사봉	장미	복숭아
22	**23**	**24**	**25**	**26**	**27**	**28**
유자	머스크	시트러스 우디	제라늄	오션 플라워	화이트 프리지아	티 플로럴
29	**30**	**31**				
바닐라	아쿠아 플로럴	민트				

Source: 366

않아도 괜찮죠. 선택 기준이 향이 아니라 날짜이니까요. 상대방도 왜 이 향수를 선물 받았는지를 직관적으로 이해할 수 있어요. 생일이나 기념일을 틀리지만 않는다면, 향수 고르는 센스가 없다는 소리를 들을 일이 사라지죠. 설령 향이 마음에 들지 않더라도 운명같은 향을 테스트해 본다는 재미가 있고요.

그렇다면 366은 어떻게 향을 366개나 구분해서 조향할까요? 원리는 간단해요. 오일과 향을 섞어서 향수를 만드는데 각 월에 해당하는 오일과 각 일에 해당하는 향을 정해 날짜에 맞게 둘을 조합하는 거예요. 예를 들어 9월 22일이면 9월의 오일인 일랑일랑과 22일의 향인 유자를 섞는 식이죠. 이렇게 하면 12개의 오일과 31개의 향으로, 복잡하게 고민할 필요 없이 366개의 향수를 만들 수 있어요.

이처럼 366은 향수 선택 기준을 달리해 향수 시장의 틈새를 공략했어요. 이런 역발상을 366만 하란 법은 없죠. 또다른 향수 브랜드 '노즈숍Nose Shop'도 향수에 대한 접근을 새롭게 해 향수 시장에 센세이션을 일으켰어요.

고상함 대신 이상함을 추구하는 향수 편집숍

노즈숍은 향수 편집숍이에요. 17개국에서 선정한 55개 스

몰 브랜드의 향수를 편집해서 판매하죠. 향수의 종류가 700개가 넘을 정도로 다양한 향수를 다루고 있어요. 이 중에는 프랑스의 에센셜 퍼퓸Essential Parfums, 호주의 골드필드 앤 뱅크스Goldfield & Banks, 아르헨티나의 프라사이Frassai 등 일본에 최초로 소개하는 브랜드도 많고요. 다른 곳에선 구하기 어려운 향수 브랜드를 제안하는 것으로도 향수 편집숍으로서 차별화돼요.

하지만 노즈숍의 진짜 경쟁력은 향수 셀렉션이 아니라 고객 경험에 있어요. 편집숍으로서 셀렉션이 좋다는 건, 차별적 경쟁력이라기보다 기본이 탄탄하다는 뜻이죠. 아무리

©시티호퍼스

편집의 안목이 높다고 하더라도 구매로 이어지지 않으면 소용이 없어요. 그래서 노즈숍은 스스로의 역할을 확장했어요. 편집숍의 고상함을 내려놓고 고객에게 더 적극적으로 다가가기로 한 거죠.

우선 이름부터 파격적이에요. 코 매장^{노즈숍}이라뇨. 향과 관련된 매장이니 직관적이긴 하지만, 보통의 향수 매장이 우아한 이름을 지으려고 하는 것과는 상반돼요. 매장 분위기도 마찬가지예요. 고급스럽거나 세련된 연출과는 거리가 멀어요. 초록색 네온사인을 매장의 메인 조명으로 쓰고 있고, 매장 곳곳에는 코에만 색칠한 하얀 석고상을 놓아두었죠. 여기에다가 누구나 들를 수 있게 오픈 공간으로 설계했어요.

매장이 눈에 띄고, 열려 있으니 문턱이 낮아질 수밖에요. 하지만 이렇게 고객 접근성을 높인 건 시작에 불과해요. 노즈숍은 고객에게 더 가깝게 다가가기 위한 여러 장치들을 마련해 나가고 있어요.

#1. '향수 뽑기'로 구매의 '두근거림'을 더한다

노즈숍 매장에 들어서면 눈길을 사로잡는 기계가 있어요. 바로 가챠^{뽑기}예요. 오락실에서나 볼 법한 가챠 기계를 향수 편집숍에 들여놓은 거죠.

설마 했는데 이 가챠는 인테리어 소품이 아니라 실제로 기능을 해요. 900엔^{약 9,000원}을 내고 가챠의 레버를 돌리면 랜덤으로 향수가 나오죠. 사이즈는 1.5~2ml. 단위 용량당 가격으로 환산하면 900엔은 상대적으로 비싼 편이에요. 하지만 노즈숍에서 파는 향수 중 저가 향수의 가격대가 6,000엔^{약 6만원} 정도이니 절대 가격을 고려한다면 저렴한 비용으로 새로운 향을 경험할 수 있는 거죠.

일회성 이벤트로 가져다 놓은 것도 아니에요. 5개 매장에서 운영 중인데 언제 방문하더라도 가챠를 뽑을 수 있어요. 심지어 '향수 가챠'를 상표권으로 등록할 만큼 가챠에 진심이에요. 여기에다가 매장에 설치하는 것으로 부족했는지, 향수 가챠를 온라인상에도 옮겨 놓았어요. 매장에서처럼 돈을 넣고 레버를 돌리는 재미는 없지만, 900엔을 내고 어떤 향수를 받을지 모르는 두근거림은 그대로죠.

또한 향수 가챠에 테마를 잡아 여러 가챠를 만들었어요. 장르 불문하고 랜덤으로 나오는 향수 가챠를 시작으로 마음의 안정을 주는 향수 가챠, 첫 향수로 적당한 향수 가챠, 꽃 향이 나는 향수 가챠, 종교적 분위기를 연출하는 향수 가챠, 술향에 가까운 향수 가챠 등 지금까지 총 8개의 테마를 선보였죠. 물론 가챠를 돌리면 각 테마에 어울리는 향수가 나오고요.

아무리 그래도 향수 편집숍인데 고객들이 이곳에서까지 가챠를 돌릴까요? 2018년 4월에 시작한 후 2022년 8월까지 4년 남짓한 기간 동안 약 25만명이 향수 가챠를 돌렸어요. 한 번 돌릴 때 900엔이니 2억 2,500만엔^{약 22억 5천만원} 정도의 매출이 향수 가챠에서 발생한 거예요. 게다가 향수 가챠를 돌린 고객 중 3~5% 정도는 랜덤으로 나온 향수가 마음에 들어 본품을 구매했죠.

고객 입장에서도 향수 가챠를 돌릴 이유는 분명해요.

고급 향수를 가격 부담 없이 테스트해볼 수 있고, 선택의 압박에서 벗어나게 해주며, 자기에게 어울릴 운명의 향수를 만날 수 있다는 기대감이 있어서죠. 향수 편집숍에 있기에는 생뚱맞아 보이는 향수 가챠가 고객에게 다가가는 데 톡톡한 역할을 한 거예요.

#2. 향기와 언어를 연결하여 '후각의 해상도'를 높인다

향수를 고르는 게 어려운 이유는 무엇일까요? 향을 표현하는 단어가 없어서예요. 빨주노초파남보 등 눈에 보이는 색에는 단어가 있어요. 도레미파솔라시도 등 귀에 들리는 소리에도 단어가 있죠. 하지만 코로 냄새를 맡는 향에는 보편적으로 인지될 수 있는 단어가 없어요. 색이나 소리처럼 향에 이름이 붙어 있다면 향에 대해서 이야기하고 향을 고르는 일이 더 쉬워질지 모르죠.

그래서 노즈숍은 2021년 1월에 '노즈숍 후각 연구소'를 런칭했어요. 향 선택을 보다 쉽게 할 수 있도록 돕는 팀이에요. 그리고는 목적을 달성하기 위해 '모두의 코'라는 프로젝트를 시작했죠. 이 프로젝트는 향을 더 직관적으로 선택할 수 있도록, 고객이 참여하여 코로 느낀 향을 말로 표현하면서 향에 단어를 붙이는 시도예요. 전문 용어가 아니라 일상적인 언어로 말이죠.

예를 들면 이런 식이에요. '맑은 날의 정원 웨딩', '비가 오는 깊은 숲', '찬물에 녹인 흰 비누와 깨끗한 시트', '어른의 여유를 느끼는 향기', '따뜻한 담요' 등과 같이 향을 일상의 언어로 표현하는 것이죠. 이 고객 참여형 프로젝트는 3회에 걸쳐서 진행했는데 5,000여 건의 응답이 있을 만큼 관심도가 높았어요. 그리고 이를 더 체계적으로 고객에게 전달하려고 '카오리움Kaorium'⊕을 도입해 신주쿠점과 긴자점에서 팝업 이벤트를 열었어요.

카오리움은 향을 단어로 변환하는 AI 시스템이에요. 센토마틱Scentmatic이라는 스타트업이 개발했죠. 향의 인상을 단어로 바꾸어 데이터베이스를 구축하고 향을 언어로 혹은 언어를 향으로 표현할 수 있게 만든 거예요. 이 시스템의 도움을 받아 고객들은 자기가 좋아하는 향을 '깨끗한', '가벼운' 등의 언어로 이해하고, 또 그와 관련 있는 향을 더 쉽게 찾을 수 있게 되죠.

이처럼 노즈숍은, 전문가로서 향수를 엄선해 제안했으니 구매는 고객 몫이라며 나 몰라라 하지 않아요. 선택의 어려움을 고객 문제로 떠넘기지 않고, 노즈숍 후각 연구소를 통해 이를 해결할 수 있는 방향으로 고민하는 거죠. 물

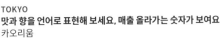

TOKYO
맛과 향을 언어로 표현해 보세요, 매출 올라가는 숫자가 보여요
카오리움

론 몇 차례의 프로젝트로 향을 체계적으로 언어화하고, 고객 수준을 끌어올리기엔 무리가 있어요. 그럼에도 고객 마음을 헤아려, 더 가깝게 다가가려는 시도는 충분히 의미 있는 일이에요.

#3. 일상의 영역을 끌어들여 '정서적 친밀감'을 추구한다

편집숍이 고객의 관심을 환기하는 방법이 있어요. 주기적으로 혹은 시즌에 맞춰 제품 큐레이션을 달리하는 거예요. 하지만 노즈숍은 이 정도로는 충분하지 않다고 봐요. 제품 큐레이션을 할 때 고객이 더 쉽게 제품을 이해할 수 있도록 축제, 여행, 문학, 영화 등 다양한 영역을 끌어들이죠.

그중에서 정기적으로 진행하고 가장 공을 들이는 건 축제예요. 노즈숍은 매년 8월 중순 경이 되면 '코 축제'를 열어요. 노즈숍이 2017년 8월 16일에 런칭했는데, 매년 생일 축하를 핑계로 축제를 여는 거예요. 이때 어워드를 포함해 다양한 행사를 진행하죠. 한 해 동안 가장 인기리에 판매된 '최고의 향수상', 한 해 동안 새롭게 출시된 향수 중에서 폭발적 반응이 있었던 '신인상', 노즈숍 직원이 선정한 '노즈숍상' 등을 뽑는 식이에요.

특히 최고의 향수상, 신인상 등은 고객의 투표로 선정

해요. 어워드 후보에 오른 향수를 설명하는 콘텐츠를 만들어 투표할 수 있게 한 거예요. 시상식 당일에는 매장에 레드 카펫을 깔아놓고, 랭킹에 들어간 향수들을 특별 코너에서 전시하며 홍보해요. 이 과정을 통해 한 해 동안 인기 있었던 향수를 재조명하고 고객의 관심을 끌 수 있죠. 또한 관심이 집중된 김에 가을, 겨울에 출시할 새로운 향수도 소개해요. 축제라는 형식을 빌려 고객의 눈에 더 잘 들어오게 제품 큐레이션을 하는 거예요.

코 축제처럼 정기적은 아니지만 비정기적으로 진행하는 이벤트도 많아요. '향기로 떠나는 가상 여행'이 대표적이에요. 코로나19 팬데믹으로 인해 여행이 어려워지자, 주요 도시와 어울리는 향을 큐레이션하면서 여행의 기분을 느끼게 한 거죠. 여기까지야 다른 곳에서도 종종 볼 수 있는 큐레이션 테마지만, 노즈숍은 여기서 한 걸음 더 나아가요. 어차피 가상 여행인 거, 내친김에 우주까지 가는 거죠. 지구, 달, 금성 그리고 어린왕자에 나오는 소행성 B612 등과 어울리는 향수라니. 호기심을 자극할 수밖에요.

이 밖에도 트위터에서 향기를 소재로 문학적인 표현을 한 사람을 선정하는 '노즈숍 문학 대상', 향수와 관련된 서적과 향수 원료를 함께 전시하는 팝업 매장인 '향수 도서관', 영화 개봉에 맞춰 영화 속 캐릭터에 맞는 향수를 선정해 추천하는 영화 컬래버레이션 향수 등의 이벤트도 열었어요. 향수를 향 그 자체로만 보는 게 아니라 일상의 영역과 연결하여 향을 더 쉽고 가깝게 이해할 수 있도록 돕는 거예요.

이상함을 모아 이상을 추구하는 향수 편집숍

노즈숍의 행보는 보통의 향수 매장과 판이하게 달라요. 향수 편집숍으로서 고상함 대신 이상함을 추구하면서 더 많은 고객에게 다가갈 수 있도록 고민하고 시도하는 거예요.

©노즈숍

그렇다면 노즈숍은 왜 이렇게까지 파격적인 시도를 감행할까요? '향기의 대중화'를 추구하겠다는 철학을 가지고 있기 때문이에요. 모든 사람이 자기에게 어울리는 향을 갖기를 바라는 마음으로 브랜드를 성장시켜 가고 있죠.

그렇게 전 세계의 스몰 브랜드 향수를 엄선해 큐레이션하던 중, 노즈숍 대표는 한 가지 문제를 발견했어요. 해외의 향수는 현지 사람들의 감각에 가깝고, 일본인이 느끼기에 부자연스러울 수 있다는 거예요. 그래서 일본에도 일본스러운 향수가 있으면 좋겠다는 생각으로 오리지널 브랜드인 '코구Ko-Gu'를 런칭해요. 자체적으로 기획하고 개발한 코

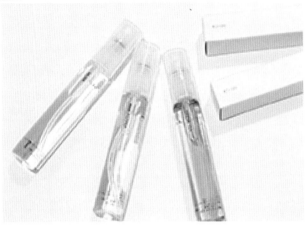

©노즈숍

구의 중심축은 크게 3가지예요.

지역다움, 알기 쉬움, 자극 없음.

중심축에서 유추할 수 있듯이 외국이 아니라 일본의 감각을 반영했고, 이름도 로즈향이나 감귤향처럼 직관적으로 붙였으며, 원재료도 천연 재료를 사용해 코끝을 찌르는 자극을 최소화한 향수를 개발했죠. 그리고는 이 향수를 어디에 담았냐면, 무인양품에서 볼 수 있을 법한 스프레이 공병 같은 용기에 넣어서 판매하기 시작했어요. 향수 매장에서

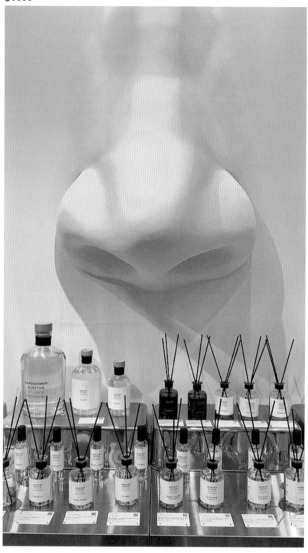

©시티호퍼스

본 게 아니라면 향수일 거라 추측하기 힘들 정도로 평범해 보여요.

이렇게 한 이유는 '향기의 대중화'라는 철학과 맞닿아 있어요. 브랜드 헤리티지, 세계관, 스토리, 디자인 등을 없애고 향에만 집중해 상대적으로 저렴한 가격에 누구나 즐길 수 있는 향수를 추구하는 거예요. 제품 종류는 30개 정도인데, 다양한 향을 레이어드^{Layered}해서 자기만의 향을 찾을 수 있게 했죠. 상대적으로 저렴한 가격에 기본향을 중심으로 구성했기에 가능한 방식이에요.

노즈숍이 시도하는 것들은 하나하나 이상해요. 하지만 이 모든 것들이 '향기의 대중화'라는 철학과 연결되니 하나같이 이상적으로 보이네요. 이상 노즈숍 대한 이야기를 마치겠습니다.

11

와인 앳 에비스

와인의 이름을 가리니
숨어 있던 고객층이 드러난다

경영 철학 | **컨셉 기획** | **사업 전략** | **수익 모델** | 브랜딩 마케팅 | **고객 경험** | 디자인

이런 상황을 가정해 봅시다. 무라카미 하루키 작가를 모르는 사람이 유튜브로 그의 인터뷰를 봤다가 그의 팬이 됐어요. 그래서 그에 대한 팬심으로 책을 사기로 했어요. 그런데 검색을 했더니 저서가 40권은 족히 넘네요. 이렇게 많은 책이 있으면 무슨 책부터 봐야 하는지 혼란에 빠지게 되죠.

이번엔 또 다른 상황을 설정해 볼게요. 추리소설 장르에 관심이 없었던 사람이 우연히 《나미야 잡화점의 기적》이라는 책을 읽고 추리소설 장르에 빠지게 됐다고 해보죠. 다른 추리소설을 읽어보려고 검색을 했는데, 추리소설 장르의 책이 너무 많아 무엇부터 읽어야 할지 엄두가 안 납니다.

어떤 작가에 혹은 어떤 장르에 입문하는 사람들이 겪는 불편함이에요. 이런 분들을 위해 도쿄에 있던 '마루노우치 리딩 스타일' 서점에서 프로모션 이벤트를 진행했어요. 불황을 견디지 못하고 지금은 이 서점이 사라졌지만, 책이 팔리지 않는 시대에 책을 팔기 위해 시도했던 기획은 여전히 참고할 만해요.

'최초의 한 권'

해당 분야에 관심이 생겼다면 '이 책부터 보면 어떨까요?'라고 제안하는 프로모션 이벤트예요. 어떤 작가 혹은 장르에 관심이 생겼는데 너무 많은 선택지가 있어 역설적으로 선택을 못하고 이탈하면 안 되잖아요. 그래서 입문자가 무사히 작가 혹은 장르의 팬이 될 수 있게 친절하게 돕는 거죠.

물론 기존 고객에게 제품을 파는 게 신규 고객에게 파는 것보다 마케팅비가 적게 들어요. 그렇다해도 신규 고객을 외면할 수는 없어요. 신규 고객을 유입해야 매출이 커질 수 있으니까요. 마루노우치 리딩 스타일이 일회성 프로모션 이벤트로 책 입문자에게 다가갔다면, 아예 입문자를 타깃으로 사업을 하는 매장도 있어요. 이번에는 책은 아니고 와인이에요.

#1. 메뉴판을 보는 대신 테스트를 해보세요

맛집과 분위기 있는 카페가 즐비한 도쿄의 에비스 지역. 여기에 '와인 앳 에비스wine@EBISU'라는 와인바가 있어요. 가게에 들어서면 왼쪽에는 와인이 가득한 숍이 있고 정면 안쪽으로 스탠딩 테이블을 포함하여 약 12개의 테이블이 놓여 있어요. 20~25명 정도가 즐길 수 있는 아담한 바죠.

이곳에서 와인을 주문하려면 메뉴판을 보고 와인을 고르는 대신, 먼저 테스트를 진행해야 해요. 스마트폰으로 QR코드를 읽어 와인 앳 에비스의 진단 서비스인 와인 앳 카르테wine@KARTE의 15개 질문에 답을 하면 되죠. 와인 메뉴를 선택하기 위한 목적이지만, 와인을 전혀 몰라도 답할 수 있는 질문으로 구성되어 있어요.

우선 초반부 질문은 화이트 와인, 레드 와인별로 얼마나 과즙이 풍부한 맛을 좋아하는지, 마실 때 느낌이 가벼운 와인을 선호하는지 혹은 무거운 와인을 선호하는지 등 전반적인 와인 맛에 대한 취향을 물어요. 와인을 평소 많이 마셔보지 않았더라도 자신이 좋아하는 술의 맛이나 향을 바탕으로 답하면 돼요.

초반부 이후에 나오는 질문들은 더 쉬워요. 두 개의 음식을 보여주고 이 중에서 어떤 음식을 선택할 것인지를 물을 뿐이에요. '표고버섯 조림' vs '계란말이', '야채 튀김' vs '생선튀김', '국물이 진한 라멘' vs '국물이 시원한 라멘' 등 두 가지 음식 중에 하나를 고르면 되죠. 단순해 보이지만 와인에 정통한 소믈리에 여럿이 감수하여 만든 질문 리스

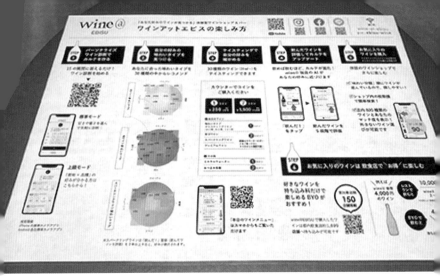

트예요.

테스트는 약 1~2분 정도에 끝낼 수 있어요. 마지막으로 자신의 닉네임을 정하고 이메일 주소와 비밀번호를 입력한 후 '등록하기' 버튼을 누르면 마이 페이지가 생성되고 진단 결과를 분석해 와인을 추천해줘요. 고객이 선택한 요리와 소재에 따라 단맛, 신맛, 쓴맛, 향, 숙성감 등을 분석한 후 어떤 와인이 적합한지를 제안하는 거예요.

#2. 38개의 카테고리만 알면 와인이 쉬워져요

여기까지는 요즘 종종 볼 수 있는 개인화 혹은 맞춤화 진단 테스트처럼 보여요. 하지만 와인 앳 에비스에는 차별적인 포인트가 있어요. 바로 자체적으로 구축한 '와인을 카테고리화하는 방법'이에요.

와인 앳 에비스에서는 와인의 맛을 화이트 13종, 레드 13종, 로제 4종, 스파클링 8종으로 분류한 후 번호를 매겨서 관리하고 있어요. 예를 들어, 레드 와인이라면 'R01: 가벼운 챠밍계', 'R02: 화려한 레드베리계' 와 같은 식이에요. 진단 테스트를 끝내면 테스트를 한 사람이 좋아할 것 같은 와인 Top 3를 이러한 번호로 알려주죠.

이렇게 하니 와인바에서 재미있는 현상이 벌어져요. '나는 레드 5번, 화이트 6번', '나는 화이트 3번, 로제 4번' 등 이런 식으로 자기의 취향을 같이 온 사람에게 공유하는 거죠. '카베르네 소비뇽' 같은 어려운 와인 이름 대신 와인을 번호로 부르자 여태까지 어렵다고 느꼈던 와인에 대한 허들이 단번에 내려가요.

또한 와인 앳 에비스는 자체적으로 구분한 카테고리를 명함 카드 크기로 제작해 비치해 놓았어요. 카드를 보면서 테스트 결과에서 자신에게 추천되지 않은 와인에 대해서 알아볼 수도 있고, 자신에게 추천된 와인의 카드를 가져가 사진을 찍어 SNS에 올릴 수도 있죠. 카테고리를 시각화, 시

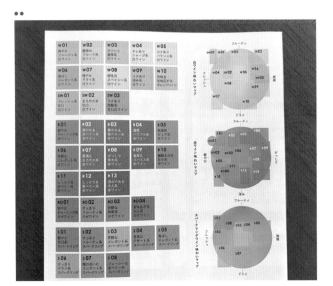

그니처화 한 거예요.

카드에서는 번호별로 와인의 특징을 간단하게 소개하고 있는데요, 설명에도 전문 용어는 들어가 있지 않아요. 화이트 2번^{W02}의 경우, 맛의 이미지는 아로마틱, 프루티, 향의 이미지는 복숭아, 살구 등 이런 식으로 향과 과일을 통해 와인의 느낌을 설명하고 있어요. 게다가 어떤 산지의 품종이 화이트 2번 와인에 속하는지 적혀 있기 때문에 이 카드만 있으면 나중에 와인 숍에 가서도 쭈뼛거릴 일 없이 당당하게 와인을 고를 수 있죠.

#3. 말이 아니라 맛으로 와인을 이해하세요

온라인으로 테스트해서 와인을 추천받는 거라면 고객이 굳이 오프라인 바를 방문할 이유가 없겠죠. 그래서 와인 앳 에비스는 이곳을 온라인 테스트 결과를 체험해 보는 장소로 설계했어요.

매장에는 24대의 와인 서버가 설치되어 있어요. R01, W01 등 각각의 카테고리를 대표하는 와인들을 유료로 시음할 수 있죠. 추천받은 와인을 그 자리에서 마셔보고 실제로 자기 입맛에 맞는지 확인할 수 있는 거예요. 서버에 설치한 와인 위에는 와인을 설명하는 카드가 비치되어 있어 따

로 이름을 기억해 둘 필요도 없어요.

••••
와인의 용량도 잔당 20ml로 시음과 어울려요. 같은 종류의 와인을 많이 마시기보다 다양한 와인을 경험할 수 있게 용량을 정한 거예요. 와인 한 잔을 마시려면 코인 1개가 필요한데, 코인 1개는 275엔^{약 2,750원}으로 부담이 없죠. 여러 잔을 마시기 위해 코인 6개를 사면 코인 1개를 추가해줘 총 7개의 코인을 받을 수 있으니 가격 부담이 더 줄어들어요.

와인을 마시고 끝이 아니에요. 와인을 마신 후 자신이 마신 와인에 대해 온라인에서 점수를 매길 수 있어요. 5점 척도의 별마크로 마신 와인을 평가하면, 이를 인공지능이

분석해 다시 내 취향에 반영해요. 시음을 통해 취향의 정확도를 높여가는 거예요. 취향과 맞는다고 답한 고객이 80% 정도 되니 정확도가 꽤 높다고 볼 수 있어요.

여기에다가 시음을 위한 와인은 2주에 한 번씩 바뀌어요. 와인 앳 에비스에서는 개별 와인이 아니라 카테고리를 중심으로 추천하는데요. 그 카테고리에 해당하는 다양한 와인 중에서 하나를 선정해 2주마다 교체하니, 주기적으로 새로운 와인을 마셔볼 수도 있죠.

#4. 와인을 마시는 공간도 취향에 맞게 선택하세요

와인 입문자로서 와인 시음을 통해 자신과 잘 맞는 와인을 찾았다면, 이제 구매하고 싶지 않을까요? 그래서 와인 앳 에비스의 매장 입구에는 와인을 판매하는 코너가 있어요.

이곳에는 850여 개의 와인이 있는데요, 이 와인들을 와인 앳 에비스에서 자체 개발한 카테고리별로 구분해서 진열했어요. 하나의 카테고리에 평균 20개 정도의 와인이 보기 쉽게 진열되어 있어 자신의 취향을 저격한 카테고리 내에서 가격이나 라벨 디자인을 보면서 구입하면 돼요.

와인 입문자들을 대상으로 하지만 객단가가 높은 편이

에요. 편의점이나 마트에서는 1,000~2,000엔^{약 1~2만원}짜리
와인을 마시던 사람들이 이곳에선 3,000~6,000엔^{약 3~6만원}
수준의 와인을 주로 구매해요. 물론 더 높은 가격대의 와인
을 구매하는 경우도 있고요. 와인의 맛에 대한 확신이 지갑
을 열게 만드는 거예요.

　더 흥미로운 점은 매장 밖에 있어요. 와인 앳 에비스에
서 구입한 와인을 도쿄 지역의 1,000여 개 레스토랑에서
마실 수 있게 레스토랑들과 제휴를 맺었어요. 유럽이나 미
국에서 흔히 볼 수 있는 BYO^{Bring Your Own} 방식을 활용하는
거예요. 제휴된 레스토랑에는 와인을 직접 들고가도 될 뿐

만 아니라, 심지어 예약된 시간에 맞춰 레스토랑으로 보내 주기도 해요.

이렇게 하니 레스토랑에서 마시면 1만엔이 넘는 와인도 와인 앳 에비스에서 4천엔^{약 4만원} 정도에 구입할 수 있어요. 2천엔^{약 2만원} 정도의 와인 반입료를 고려해도 4천엔 정도 절 감하면서 자신의 취향에 맞는 와인을 맛있는 음식과 즐길 수 있는 거죠. 그렇다면 레스토랑은 그만큼 손해 아닐까요?

꼭 그렇지는 않아요. 레스토랑 입장에서도 와인 재고를 떠안는 것이 부담스러운 일이거든요. 또한 자체적으로 와인 을 팔지 않는 레스토랑의 경우 와인 앳 에비스와의 제휴를 통해 고객의 방문을 유도할 수도 있고요. 그래서 초기에는 150여 개의 레스토랑과 제휴를 맺었지만 코로나19 팬데믹 기간 동안 제휴처가 1,000여개로 급격히 확대됐어요.

매니아도 입문자부터 시작한다

와인 앳 에비스는 와인 입문자로 타깃을 좁혔어요. 그리고 는 해당 타깃의 입맛에 맞게 서비스와 매장을 구성했죠. 와 인 입문자를 위해 와인 앳 에비스가 무엇을 어떻게 했는지 다시 한번 요약 정리해 볼게요.

우선 와인을 무작정 고르게 하지 않고 테스트를 통해

와인 선택을 도와줘요. 또한 자체적으로 개발한 카테고리로 와인을 분류해 다양한 와인을 유형화해서 이해할 수 있게 했어요. 여기에다가 시음에 적합한 용량과 가격으로 와인을 즐길 수 있도록 설계해 추천된 와인이 실제 입맛에 맞는지 확인해 볼 수도 있고요. 그리고 고객 평가를 다시 알고리즘에 반영하면서 추천 시스템을 고도화하고 있죠.

그뿐 아니에요. 와인 앳 에비스는 젊은 세대들이 와인에 입문하면서 와인을 보다 가볍고 즐겁게 체험할 수 있게 SNS에 올리고 싶은 요소를 곳곳에 배치했어요. 이 부분에 대해서는 와인 앳 에비스 운영사인 '브로드엣지웨어링크'의 임원 하시모토가 닛케이와의 인터뷰에서 했던 설명을 들어볼게요.

"IT 업계뿐만 아니라 대부분의 업계에서 어떻게 하면 고객들의 경험이 즐거워질지를 생각해 UI, UX를 개발하고 있어요. 하지만 와인 업계에서는 아직 이러한 고객 경험이 고려되지 않는 경우가 많았어요. 우리는 그 점을 파고들었고 SNS에 올리고 싶은 요소를 곳곳에 넣었습니다."

〈닛케이 크로스 트렌드〉 인터뷰 중

이러한 시도는 효과가 있었어요. 팔로워 수가 12만 5천 명에 이르는, 데이트 장소를 주로 소개하는 일본의 인플루언서인 미즈키오코가 와인 앳 에비스의 동영상을 인스타그램과 틱톡에 올렸는데요. 해당 동영상이 50만 가까운 조회수를 기록하며 Z세대 사이에서 와인 앳 에비스의 인지도가 단숨에 올라갔어요. 인플루언서뿐만 아니라 이곳저곳에서 젊은 고객들이 저마다의 시선으로 사진찍는 모습을 쉽게 볼 수 있죠.

와인 입문자에 초점을 맞춘 결과는 어땠을까요? 와인 앳 에비스를 방문하는 고객의 70%가 대학생을 포함한 Z세대예요. 참고로 에비스 지역은 대학가가 아니에요. 주말이면 20여 석이 항상 꽉 차고, 많은 날은 하루에 100명 이상이 매장을 찾아 테이블을 5번 정도 회전시키기도 하죠.

와인 앳 에비스를 보면, 잊고 있었던 당연한 진리가 떠올라요. 매니아도, 전문가도, 헤비 유저도 모두 처음에는 입문자였다는 걸요. 그래서 입문자를 위한 비즈니스가 매력적인 게 아닐까요.

12

미야시타 파크

암묵적 공식을 충실히 따르는,
오프라인 비즈니스의 정석

경영
철학 | 컨셉
기획 | 사업
전략 | 수익
모델 | 브랜딩
마케팅 | 고객
경험 | 디자인

도쿄의 시부야는 키높이 경쟁 중입니다. 2012년에 도큐 부동산이 33층 규모[182m]의 복합문화공간인 '히카리에'를 지으면서 시부야 재개발의 신호탄을 쏘아 올렸죠. 이후 시부야 스트림[2018년], 시부야 스크램블 스퀘어[2019년], 시부야 후쿠라스[2019년] 등 대형 오피스와 상업시설을 갖춘 고층 빌딩들이 들어서면서 시부야의 스카이라인이 완전히 바뀌었어요. 그렇다면 시부야에서 가장 유명한 랜드마크는 높이가 몇 m일까요?

예상 밖에도, 0m예요. 시부야에서 가장 높은 빌딩은 '시부야 스카이' 전망대가 있는 시부야 스크램블 스퀘어[230m]지만, 가장 상징적인 랜드마크는 건널목인 '시부야 스크램블'이기 때문이에요. 이 건널목은 비틀즈가 앨범 자켓 촬영을 해서 유명해진 애비 로드[Abbey road]만큼이나 유명하죠. 아니, 어느 도시의 어느 거리건 건널목이 없는 곳이 없는데 도대체 어떤 이유로 시부야 스크램블은 전 세계적으로 알려진 걸까요?

시부야 스크램블은 보통의 건널목을 살짝 비틀었어요. 일반적으로 교차로에서는 도로와 도로가 교차되는 라인에 건널목을 놓아요. 차량과 사람이 같은 시간에 같은 방향으로 움직일 수 있도록 말이죠. 그런데 시부야 스크램블에서는 추가로 사거리를 가로지르는 건널목을 하나 더 놓았어요. 그리고는 사람이 건너는 시간과 차량이 이동하는 시간을 구분했어요. 사람이 건널 때는 사람만 움직일 수 있고 모든 차량은 대기 중인 거예요.

이렇게 하니 신호가 바뀔 때, 사방에서 사람들이 동시다발적으로 건널 수 있어요. 여기에다가 하루 평균 유동인구 300만명을 자랑하는 시부야 상권의 집객력이 맞물리면서, 최대 3천명 정도가 동시에 건널목을 건너는 장관이 펼쳐지게 됐죠. 이렇게 수천명의 사람들이 제 갈 길을 찾아 거대한 흐름을 만드는 풍경에 상징성이 생긴 거예요.

이제 고층 빌딩이 즐비해졌으니 랜드마크가 바뀔까요? 그럴 수도 있지만, 역설적이게도 시부야 스크램블의 입지가 더 강해질 가능성이 높아요. 시부야 스크램블은 유동인구가 만드는 풍경인데, 시부야에 고층 빌딩이 늘어나는 만큼 유동인구도 많아지니 시부야 스크램블을 건너는 사람들의 풍경에 밀도가 더 생길 테니까요. 그렇다면 고층 빌딩들 중 하나가 시부야 두 번째 랜드마크로 자리잡을 수 있을까요?

글쎄요. 두 번째 자리도 쉽지 않을 수 있어요. 2020년 7월에 17m 높이의 '미야시타 파크MIYASHITA PARK'가 새로 오픈했기 때문이죠. 빌딩 높이만 보자면 시부야 고층 빌딩들의 1/10도 안되는 수준임에도, 이곳이 랜드마크가 될 수 있는 이유가 있어요. 건물로 보자면 17m 높이에 불과하지만, 공원으로 보자면 17m 높이에 공원이 공중부양해 있는 셈이거든요. 이 공원이 각축전을 벌이고 있는 고층 빌딩들을 대신해 시부야를 대표하는 두 번째 랜드마크가 될 수 있을지 하나씩 살펴볼게요.

©시티호퍼스

#1. 옥상 공원을 '공중 공원'으로 바꾸는 15m의 힘

미야시타 파크는 이름에서 알 수 있듯이 공원이에요. 없었던 공원을 새로 만든 게 아니라 1966년부터 있었던 공원을 재개발한 곳이죠. 공원을 재개발했다는 개념이 낯설 수 있는데, 이를 이해하기 위해선 공원의 구조를 알아야 해요. 원래 공원은 공영 주차장 위에 있는 도쿄 최초의 옥상 공원이었어요. 낙후된 시설과 주변 환경을 개선하기 위해서 민관이 협력하여 주차장과 공원을 포함한 일대를 전체적으로 재정비한 거예요.

이때 시부야구는 민간 부동산 개발 업체에 파격적인 혹은 조건 없는 제안을 했어요. 도시 공원을 다른 시설들과 함께 정비 가능하도록 만든 '입체도시공원제도'를 적용해서 규모나 용도에 대한 특별한 제약 없이 재개발을 해보라는 거였죠. 2004년에 제정된 입체도시공원제도를 시부야구에서는 처음 적용하는 프로젝트였어요.

이에 미츠이 부동산은 공원, 상업시설, 호텔, 주차장을 유기적으로 연결하는 공간을 기획했어요. 4층은 공원, 1~3층은 상업시설, 공원의 한쪽 끝에는 호텔과 주차장이 위치해 있죠. 공원이 부대 시설이 아니라 중심 시설이라는 것을 제외하고 구성만 놓고 보면, 여느 복합몰과 다를 바 없어 보

일지 몰라요. 하지만 미야시타 파크에는 다른 곳에서는 경험하기 어려운 혁신적인 요소들이 숨어 있어요.

먼저 공원으로 가볼게요. 공원은 과거의 공원이 그러했듯, 건물의 옥상에 있어요. 하지만 차이점이 있다면 공원의 규모예요. 길이가 약 330m, 부지 면적은 약 1만 740㎡로 길게 뻗어 있는 모양이죠. 축구장 1.5배 크기 정도라 보면 돼요. 건물이 이렇게 크냐고요? 그렇지 않아요. 엄밀히 말하면 2개 건물 사이에 있는 폭 15m 정도의 도로 위 공간을 브리지로 연결한 거예요. 원래는 도로 위 공간의 점유에는 제약이 있는데, 브리지 역할을 하는 공원 시설로 설계해 허

가를 받을 수 있었죠.

15m가 별 거 아닌 것 같지만, 이 짧은 거리를 이으니 완전히 새로운 공원이 됐어요. 옥상 공원이 아니라 '공중 공원'으로 바뀌면서 자연스럽게 공원에도 스케일감이 생겼죠. 축구장 크기보다 더 큰 이 공원에 스케이트보드를 탈 수 있는 스케이트장, 클라이밍을 할 수 있는 볼더링 시설, 비치 발리볼을 비롯해 다목적으로 이용 가능한 샌드코트 등 다양한 스포츠 시설을 넣었어요. 여기에다가 곳곳에 잔디와 벤치를 설치해 자유롭게 산책하고 쉴 수 있게 했죠.

그뿐 아니에요. 건물과 건물 사이를 연결한 부분이 공원과 상업시설을 자연스럽게 이어주는 역할을 해요. 2층과 3층에도 브리지를 놓고, 공원의 브리지와 각 층의 브리지 사이를 계단으로 연결하니, 층간 이동이 쉬워져요. 별도의 통로를 찾을 필요 없이 공원을 거닐다가 상업시설로 이동할 수도, 상업시설에서 쇼핑을 하다가 공원으로 올라갈 수도 있는 거예요. 그래서 공원을 둘러보다가 물 흐르듯이 상업시설로 내려가봤죠.

#2. 장소에 '장면'을 더해주는 50m의 룰

최근에 생긴 도쿄의 상업시설들을 보면 공통점이 있어요. 다른 곳에서는 경험할 수 없는 매장으로 공간을 구성하는 거죠. 일본에 처음으로 상륙하는 해외 브랜드의 매장, 지역의 강호이지만 아직 도쿄에 진출하지 않은 브랜드의 매장, 이미 여러 곳에 입점해 있는 브랜드지만 실험적으로 기획한 플래그십 매장, 그리고 새롭게 기획해서 런칭하는 매장 등이 대표적이에요. 그래야 온라인 시대에 사람들을 오프라인 매장으로 불러 모을 수 있으니까요.

미야시타 파크의 상업시설인 '레이야드 미야시타 파크 RAYARD MIYASHITA PARK'도 이 암묵적인 공식을 충실히 따르고 있어요. 뉴욕에서 시작해 일본에 처음 소개되는 패션 브랜드 '키스'⊕ 매장, 킷캣 최초로 커스터마이즈 할 수 있는 플래그십 팝업 매장인 '킷캣 쇼콜라토리',⊕ '루이비통'의 첫 번째 맨즈 플래그십 스토어, 지브리 스튜디오의 굿즈를 파는

브랜드 'GBL' 등을 입점시켰죠.

이 중에서 눈여겨볼 곳은 '스타벅스'예요. 스타벅스 미야시타 파크점은 일본 스트리트 패션의 선구자 '후지와라 히로시'가 디자인하고, 그가 만든 브랜드인 '프라그먼트 디자인'과 컬래버레이션한 굿즈를 만나볼 수 있는 곳이에요. 참고로 그는 수영장, 당구장, 주차장, 편의점 등을 패션 매장과 섞는 등 전에 없던 기획을 하면서 업계를 뒤흔든 인물이죠. 이번에는 '충전'이라는 공통분모로 주유소와 커피 매장을 섞었어요. 그래서 매장, 유니폼 디자인 등에 주유소 모티브가 담겨 있어요. 상업시설이지만 유일하게 공원이 있는 4층에 위치해 있는 것도 특징이고요.

TOKYO
해외 초콜릿 브랜드가 제과 강국 일본을 제패한 비결
킷캣

이러한 매장들이 미야시타 파크에 가야 할 이유를 만들어 준다면, 상업시설의 공간 구성은 머무를 이유를 제공해 줘요. 레이야드 미야시타 파크는 기획 단계에서부터 거리와의 연속성을 중요하게 여겼는데요. 그래서 어느 곳에서 접근을 하건 위화감 없이 미야시타 파크로 진입할 수 있어요. 여기에다가 노약자, 장애인 등 거동이 불편한 이용객들을 위해 대부분의 공간을 계단차와 문턱을 없앤 배리어 프리 Barrier free로 설계했죠.

또한 쇼핑몰을 아웃도어형으로 디자인했어요. 보통의 경우 건물을 세우면 외벽이 생겨 거리와 매장이 단절돼요. 그런데 이곳에선 매장을 안쪽으로 들여서 배치하고 2층과 3층에 거리와 같은 개념으로 6m 정도의 외부 통로를 두었어요. 이렇게 하니 2층, 3층에서도 시부야 풍경이 눈에 들어와 거리를 걷는 기분이 들어요. 눈높이만 다를 뿐이죠. 실내에 거리형으로 구성한 곳에서 쇼핑을 하는 것과는 차원이 다른 경험이에요.

그뿐 아니에요. 거대한 상업시설에 압도되지 않도록 '50m 룰'을 적용했어요. 50m 룰은 에스컬레이터, 계단, 이벤트 공간, 코너 등을 50m 간격으로 배치하는 것을 뜻해요. 고객에게 지속적인 시퀀스Sequence 변화를 주고, 상하층

으로 쉽게 이동할 수 있도록 돕는 거죠. 걸을 때 시시각각
으로 변주가 생겨야 지루하지 않고, 그래야 머무르는 시간
도 늘어날 테니까요.

　여기에다가 상업시설에 입점하는 매장에도 자유도를 줬
어요. 기본적인 가이드라인은 있지만, 파사드와 일부 통로
공간을 각 매장이 개성 있게 꾸밀 수 있도록 열어 두었죠.
각 브랜드들이 저마다의 방식으로 이 자유도를 활용하니
상업시설 공간이 그만큼 다채로워질 수 있어요. 그러면서
도 시그니처적인 패턴으로 사이니지를 만들어 전체적인 통
일감을 유지하는 거에요.

　6m의 통로를 비롯해 공간을 널찍하게 쓰던 상업시설에
서 쾌적하게 구경을 하다가 1층으로 내려가면 공간의 밀도
가 180도 바뀌어요. 어떻게냐고요?

#3. 푸드코트를 '골목길'로 만드는 1m의 틈

1층은 일종의 푸드코트예요. 남쪽 건물의 1층 공간에 19개
의 식음료 매장이 입점해 있어요. 최북단 홋카이도부터 최
남단 오키나와까지 각 지방에서 엄선한 매장을 옮겨 놓았
죠. 전국 각지의 맛집을 경험할 수 있게 한 것도 매력이지
만, 음식만큼이나 공간감이 인상적이에요. 설령 음식 맛이

떨어진다 하더라도 분위기에 취할 수 있을 정도로 공간을
꾸몄어요.

이곳은 '시부야 요코초'라고 불러요. 요코초는 일본어
로 골목길을 뜻해요. 특히 식당과 술집이 늘어선 좁은 길을
말하죠. 이름처럼 시부야 요코초에 들어서면 스케일감이
확 줄어들어요. 공간감도 묘해요. 거대한 이자카야 같으면
서도 골목길인 듯하죠. 가운데로 난 길을 따라 걸으면서 주
변을 둘러보니 이자카야와 골목길이 섞여 있는 듯한 느낌
이 드는 이유가 보이기 시작했어요.

약 100m에 걸쳐 19개 식당과 술집이 있는데, 벽이나 문

같은 공간 구분이 없어요. 다닥다닥 이어져 있죠. 자리도 비좁아요. 앉으면 서로 부대끼는 느낌이 들 정도로 좌석 간 거리가 가까워요. 또한 공간 전체적으로 조명도 맞춰놓았어요. 주황빛이 살짝 아른거리게요. 이자카야에서 볼 수 있는 분위기를 1층의 너른 공간에 통째로 구현한 거예요. 그래서 이자카야 느낌이 들죠. 여기에다가 통로 바닥을 1m 남짓한 폭의 아스팔트 도로처럼 꾸며 놓으니 거대한 이자카야 안에서 골목길도 연상되는 거고요.

분명 가짜인데, 진짜보다 더 진짜 같은 요코초예요. 이시부야 요코초를 기획한 회사는 '하마쿠라 상점제작소'. 시대, 세대, 시장의 잠재적 요구를 포착해, 웃음과 에너지가 솟아오르는 커뮤니티 공간을 만들고자 하는 목표를 가지고 있는 상점 제작 그룹이에요. '에비스 요코초'로 에비스 지역의 상점가를 부활시킨 경험을 바탕으로 시부야 요코초를 기획한 거죠. 하마쿠라 상점제작소 대표인 '하마쿠라 요시노리'는 시부야 요코초의 기획의도에 대해 이렇게 말해요.

"시부야 거리에서 사다리 역할을 하고 싶어요. 시부야에서 약속을 잡을 때 첫 번째 만남의 장소 역할을 하는 곳이 되면 좋겠어요. 그렇게 매일의 페스티벌이 열리도록 하는 게 목표입니다."

미야시타 파크 홈페이지 'TOPICS' 인터뷰 중

시부야의 집합소로 기획했다는 뜻이에요. 시부야에서 보기로 했으면 일단 시부야 요코초에서 만나서 식사를 하거나 술 한잔한 후, 각자의 선호와 취향에 맞게 또 다른 곳으로 이동하기를 바란다는 뜻이기도 하고요. 이곳을 일종의 커뮤니티 센터로 보는 거예요.

여기서 흥미로운 포인트가 하나 있는데요. 시부야 요코초라는 이름에, 시부야를 대표하는 골목길을 말하는 것처럼 시부야가 들어가 있다는 점이에요. 그러고보니 시부야 스트림, 시부야 스크램블 스퀘어, 시부야 후쿠라스 등 앞서 설명했던 시부야에 새로 생긴 고층 빌딩들 이름에도 모두 시부야가 들어가 있어요. 그만큼 시부야에 대한 동네부심이 높은 거죠. 그리고 이 동네부심으로 생긴 에피소드가 하나 있어요.

'혼'과 '돈'을 혼돈하지 않는 지혜

미야시타 파크는 시부야에서 입체도시공원제도를 적용한 첫 프로젝트예요. 이는 도시 공원을 낙후된 시설 등과 함께 재개발하면서, 공원을 중심으로 지역 주민들에게 더 나은 생활 환경을 제공하는 동시에 사업화해서 수익 창출을 하자는 거죠. 당연히 민간 기업에게만 혜택을 주자는 게 아니고 프로젝트를 추진하는 공공기관도 재원을 확보하려는 목적을 가지고 있어요.

이 정비 사업으로 시부야구는 미츠이 부동산으로부터 235억 2,100만엔약 2,352억원을 받기로 했어요. 대신 미츠이 부동산은 공사 기간을 포함해 34년 10개월 동안 사업할 수 있는 권리를 확보했죠. 시부야구는 연간 6.7억엔약 67억원의 재원을 확보한 셈이에요.

그렇다고 돈을 앞세우지는 않았어요. 시부야구는 이 공원을 재개발하면서 미야시타 공원의 명명권$^{Naming\ right}$도 매각할 수 있었죠. 명명권은 공공시설 등에 기업 이름을 붙일 수 있게 해주는 권리예요. 주로 스타디움, 지하철역 등에서 주로 볼 수 있어요.

실제로 시부야구는 2009년에 나이키와 명명권 계약을 했었어요. 계약 금액은 연간 1,700만엔$^{약\ 1억\ 7천만원}$씩 10년간 총 1억 7천만엔$^{약\ 17억원}$. 하지만 동네부심이 넘치는 주민들이 이를 가만히 보고만 있지 않았죠. 결국 시부야 주민의 반대로 공원에 나이키 이름을 붙이지는 못했어요. 대신 공원에서 진행하는 스포츠 행사에만 명칭을 활용하기로 했죠.

그럼에도 주민들의 반대가 심하게 이어졌어요. 계약이 만료되기도 전에 나이키가 명명권을 사용하지 않기로 선언할 정도였죠. 그래서 이번 재개발에서는, 지난 명명권 계약을 반면교사 삼아 명명권을 매각하지 않기로 했어요. 아무리 시부야구 재원 확보에 도움이 된다고 하더라도 구를 대표하는 공원의 이름을 기업에 넘길 수는 없었던 거예요.

이처럼 요소요소가 혁신적이면서도 동네에 대한 자부심도 담겨 있으니, 이 정도면 시부야의 두 번째 랜드마크 자리를 차지할 만하지 않나요?

13

시퀀스 미야시타 파크

레이트 체크아웃을
모두에게 무료로 제공하는 호텔

이것만 알아도 영화를 보는 눈이 달라져요. 바로 영화를 구성하는 단위예요. 한 편의 영화는 쇼트^{Shot}, 씬^{Scene}, 시퀀스^{Sequence}로 구분해볼 수 있어요. 이렇게 영화를 쪼개서 보는 건 영화를 분석하고 디코딩^{Decoding}하는 출발점이 되죠. 반대로, 이 구성 단위를 알면 누구나 영화를 제작할 수 있어요. 물론 영화를 상업성이나 예술성 있게 만드는 건 또 다른 이야기겠지만요.

우선 쇼트. 쇼트는 촬영을 시작해서 멈출 때까지 찍은 영상을 말해요. 컷을 외칠 때까지 한 번에 촬영한 부분이자, 움직임을 표현하는 최소 단위인 거죠. 쇼트는 피사체와의 거리에 따라 클로즈 업, 미디엄 쇼트, 롱 쇼트 등으로 나눠져요. 이렇게 찍은 쇼트들을 이어 붙여 영화를 만드는데, 100분짜리 영화 기준으로 대략 1,000개의 쇼트가 들어가요. 박진감이 넘치고 전개가 빠른 영화일수록 쇼트가 늘어나죠. 책에 비유하자면 문장과 같은 단위예요.

다음은 씬. 씬은 장소, 시간, 맥락이 이어지는 묶음이에요. 보통의 경우 여러 쇼트가 모여서 씬을 이루죠. 사람들이 흔히 말하는 영화 속 명장면은 대체로 씬에 해당해요. '러브 액츄얼리'의 스케치북 고백 씬, '매트릭스'의 총알 피하기 씬 등이 대표적이에요. 캡쳐한 이미지나 동영상 짤을 보면 쇼트처럼 보이지만, 씬 중에서 핵심이 되는 장면을 잘라내서 그런 거예요. 물론 하나의 쇼트가 하나의 씬이 되는 경우도 있고요. 책으로 말하자면 문단인 셈이에요.

마지막으로 시퀀스. 시퀀스는 씬들이 이어져 만드는 하나의 독립된 이야기예요. 에피소드와 유사한 개념이죠. 이 시퀀스들이 기승전결을 이루면서 영화의 스토리와 메시지가 전달되는 거예요. 사랑에 관한 영화를 예로 들어 볼게요. 만남, 고백, 연애, 이별 등으로 스토리가 전개된다고 했을 때, 각 단계가 하나의 시퀀스라고 볼 수 있어요. 보통의 경우 한 편의 영화는 8~10개의 시퀀스로 구성되죠. 책이라면 하나의 챕터에 해당하는 단위예요.

영화를 구성하는 단위는 영화를 이해하고 제작할 때만 필요한 개념이 아니에요. 드라마나 다큐멘터리 등의 영상 콘텐츠는 물론이고, 책 같은 텍스트 콘텐츠에도 적용할 수 있어요. 결국 콘텐츠는 장면을 연출해, 그것들을 이어가면서 메시지가 담긴 이야기를 전달하는 것이니까요. 그런데 이제 공간도 콘텐츠화되고 있으니, 콘텐츠뿐만 아니라 공간을 기획하고 디자인하는 데도 이 구성 단위를 고려할 필요가 있죠. 도쿄 시부야에 있는 '시퀀스 미야시타 파크 sequence MIYASHITA PARK, 이하 시퀀스 호텔' 호텔 처럼요.

시부야 여행의 시퀀스를 연출한다

시퀀스 호텔은 미야시타 파크를 재개발하면서 2020년에 공원의 한쪽 끝에 들어선 호텔이에요. 330m가량 쭉 뻗어 있는 공원을 앞마당 삼은, 도쿄뿐만 아니라 전 세계에서도 보기 드문 형태의 호텔이죠. 이 호텔은 이름에서 알 수 있듯이 고객에게 시퀀스를 제공하고 싶어 해요. 이곳에서 다양한 씬들을 경험하면서 각자가 자신만의 시간을 편집해, 호텔에 머무르는 동안 저마다의 시퀀스를 만들어 가기를 바라는 거예요.

시퀀스 호텔에서 펼쳐지는 시퀀스는 주인공이 누구냐에 따라 제각각일 수밖에 없어요. 각자가 경험하는 씬들이 다르고, 그 씬들을 어떻게 이어가는지에 따라 시퀀스가 바뀌니까요. 그럼에도 모든 시퀀스를 관통하는 공통 주제는 '시부야 여행'이에요. 시퀀스 호텔에 머물면서 시부야를 여행할 때 생기는 에피소드를 하나씩 만들어보라는 뜻이죠.

그리고는 시부야를 여행하는 사람들이 각자의 시퀀스를 만들 수 있도록 호텔을 설계했어요. 공간, 아트, 사운드 등 각 분야에서 앞서가는 크리에이터들과 연계해 호텔의 모든 구성요소를 연출한 거예요. 그렇다면 시퀀스 호텔에선 씬들이 어떻게 바뀌기에 시부야를 여행하는 시퀀스가 달라지는 걸까요?

Scene #1. 공원과 호텔의 경계를 없앤다

시퀀스 호텔의 로비는 4층에 위치해 있어요. 미야시타 파크 편에서 설명했듯이, 공중 공원인 미야시타 파크가 위치한 층이기도 하죠. 층만 같은 게 아니라 이 둘 사이는 이어져 있어요. 공원에서 로비로 바로 들어갈 수 있는 거예요. 공원 전망을 가지고 있는 여느 호텔들과 근본적인 차이가 있는 포인트이기도 하고요. 전 세계에서 보기 드문 구조를 시퀀스 호텔 기획자인 '오가와 히로즈미'가 놓칠 리 없어요. 그래서 그는 4층을 이렇게 설계했죠.

공원과 맞닿은 공간을 카페이자 바인 '밸리 파크 스탠드Valley Park Stand'로 구성했어요. 이어 안쪽을 호텔 로비로 꾸몄죠. 밸리 파크 스탠드는 공원에서 보면 산책하다 들를 수 있는 공원시설이고, 로비에서 보면 호텔에 있는 부대시설이

©시티호퍼스

에요. 공원과 호텔을 잇는 가교이자, 둘 사이를 구분 짓는 완충지대 역할을 한다고 볼 수 있어요. 단순히 공간 구분만 그렇게 한 게 아니에요. 로비의 인테리어와 카페의 역할에도 공원과 연결되는 특징을 반영했죠.

그는 공원의 본질적인 속성을 '자유로움'이라고 봤어요. 공원은 의자가 아닌 곳에 사람이 앉기도 하는 등 공원에 온 사람이 마음대로 사용법을 정하는 곳이니까요. 이러한 생각을 바탕으로 호텔 로비에는 의자나 테이블 대신 콘크리트로 단을 만들어 화단인지, 벤치인지, 아니면 스케이트 보드를 타는 곳인지 모호하게 디자인했죠. 공원과 같이 각자가 해석하는 대로 사용할 수 있다는 뉘앙스를 남긴 거예요. 또한 카페의 역할에도 상상력을 담았죠. 그의 설명을 직접 들어볼게요.

"시부야 전체를 가상의 국립공원이라고 한다면, 밸리 파크 스탠드는 방문자 센터와 같은 곳이에요. 약간의 휴식이나 간단한 정보 수집 등을 할 수 있죠. 그리고 이곳에서 파는 음식이나 음료는 공원에서 먹을 수 있어요. 또한 피크닉에 필요한 레저 시트나 레인코트 같은 제품도 팔고요."

미야시타 파크 홈페이지 'TOPICS' 인터뷰 중

©시티호퍼스

그의 말처럼 밸리 파크 스탠드는 단순히 호텔에 있는 카페가 아니에요. 공원 이용자뿐만 아니라 시부야라는 '가상의 국립공원'을 찾은 모든 사람들에게 열려 있는 방문자 센터인 거죠. 이렇게 역할을 정의하니 자연스럽게 이곳을 경험하는 씬이 달라져요. 다양한 분위기가 연출되니까요.

Scene #2. 체크아웃 시간을 늦춘다

보통의 경우 호텔 체크인 시간은 15시, 체크아웃 시간은 10~12시 사이에요. 호텔은 여행을 가서 자기 위해 머무르는 곳이니 잠자고 일어나는 오전 시간대에 체크아웃하는 게 이상한 일은 아니죠. 하지만 호텔에서 조식을 먹고 체크아웃하려면 생각보다 시간이 빠듯해요. 아침 일찍부터 나가야 할 상황이라면 문제 없을지 몰라도, 호텔에서 여유를 즐기는 걸 선호한다면 체크아웃 시간이 아쉽게 느껴질 수밖에요.

이런 사람들을 위해 시퀀스 호텔은 체크인, 체크아웃 시간을 전체적으로 2시간가량 늦췄어요. 체크인은 17시부터, 체크아웃은 14시까지 할 수 있게 조정했죠. 이에 맞춰서 호텔 조식을 제공하는 레스토랑인 '동시Dongxi'에서도 12시까지 브런치처럼 식사를 할 수 있게 했어요. 호텔의 VIP 고객이나 추가 비용을 낸 고객에게만 제공하는 레이트 체크아웃을 모든 고객에게 기본값으로 제공하는 셈이에요.

이렇게 하니 여행자의 행동 패턴이 바뀌어요. 불야성의 동네인 시부야에서 다음 날에 대한 부담 없이 밤 늦게까지 즐길 수 있어요. 또는 그냥 집에서 보내는 주말처럼 아침에 느즈막히 일어나서 조식을 먹고 산책을 하는 등 시간을 느긋하게 보낼 수도 있죠. 체크인, 체크아웃 시간을 시프트했을 뿐인데, 시부야를 여행하는 사람들이 경험할 수 있는 씬이 달라지는 거죠.

©시티호퍼스

Scene #3. 시부야를 담는 색다른 방을 만든다

시퀀스 호텔의 6층은 다른 층 대비 층고가 높아요. 공조, 배전 등 건물에 필요한 시설이 들어 있기 때문이죠. 그냥 여느 층처럼 구성해도 될 텐데, 시퀀스 호텔 기획자인 오가와 히로즈미는 6층을 어떻게 활용하면 좋을지 고민하기 시작했죠. 그가 생각했던 문제의식은 이랬어요.

"시부야는 한계가 없는 자유로운 동네예요. 여러 사람이 방문하는 시부야에 보통의 객실만 만들어도 좋은 것일까요?"

미야시타 파크 홈페이지 'TOPICS' 인터뷰 중

그래서 층고가 높은 6층 전체를 호스텔에서나 볼 법한 '벙커룸'으로 만들기로 했어요. 벙커룸은 2층 침대가 있는, 2인, 3인, 4인, 6인 등 여러 명이 투숙할 수 있는 방이에요. 호스텔과 다른 점은 침대 단위가 아니라 방 단위로 이용할 수 있다는 거예요. 개인 말고 그룹을 대상으로 한다는 뜻이죠. 가격은 4인 벙커룸이 2인이 쓸 수 있는 일반 룸보다 약간 더 비싼 수준이에요. 둘 사이의 가격 차이가 2배가 아니라 4인 벙커룸을 이용할 경우, 인당 가격이 확 줄어들죠.

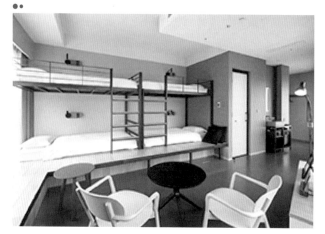

　이렇게 하니 시퀀스 호텔을 이용하는 고객군이 다양해져요. 시부야를 여행하는 가족 고객이 벙커룸을 찾기도 하고, 여러 친구들이 시부야를 여행할 때 벙커룸을 이용하기도 하며, 때로는 늦게까지 술을 마시다가 집에 가기 귀찮으니 친구들끼리 벙커룸을 잡기도 해요. 고객군이 바뀌니 시퀀스 호텔에서 경험할 수 있는 씬도 다채로워질 수밖에요.

　또한 스위트룸도 특별한 씬을 경험할 수 있게 꾸몄어요. 빌린 소리라는 뜻의 '샤쿠온Shakuon'을 통해서죠. 사운드 크리에이터 '오코치 야스하루'가 시부야 거리의 소리를 녹음하고, 이를 소파 아래의 스피커에서 재생할 수 있게 한 거예요. 시부야의 풍경과 소리를 방으로 끌어들이니, 호텔 방 안에서도 시부야 거리에 있는 듯한 느낌을 받을 수 있죠.

시퀀스의 완성은 고객 몫으로 남겨둔다

시퀀스 호텔처럼 고객의 발길을 불러 모으기 위해선 오프라인 공간도 콘텐츠화해야 하는 시대예요. 그래서 공간을 기획할 때 인스타그래머블한 이미지를 연출하는 것을 넘어 쇼트, 씬, 시퀀스 등을 그려가면서 사람들이 어떻게 그 장소와 시간을 소비할지를 상상해봐야 하죠. 하지만 공간의 콘텐츠화에는 영화나 드라마와 다른 점이 있어요. 등장 인물의 자기표현과 자유의지를 남겨두는 거예요.

영화나 드라마 등의 콘텐츠는 스토리보드에 따라서 쇼트, 씬, 시퀀스를 연출할 수 있어요. 일부 애드립과 현장 상황을 반영한 조정이 있지만, 대체로 스토리보드를 재현하면서 짜여진 각본대로 콘텐츠를 만들죠. 반면 공간을 콘텐츠화할 때는 쇼트, 씬, 시퀀스 등을 원하는 그림으로 나올 수 있게 넛지할 수는 있어도, 사람들을 계획한대로 움직이게 강요할 수는 없어요. 결국 현장에서 쇼트, 씬, 시퀀스를 완성하는 건 공간에 온 사람들이니까요.

시퀀스 호텔에서의 경험도 마찬가지예요. 각자만의 시

퀸스를 연출할 수 있도록 다양한 씬을 즐길 수 있는 장치들이 있을 뿐, 호텔에서 먼저 나서서 고객의 행동에 영향을 미치진 않아요. 체크인, 체크아웃도 무인 키오스크에서 진행하니, 경우에 따라서는 직원들과 말을 한 마디도 안 섞을 수 있죠. 고객과 거리를 두는 것처럼 보이지만, 이는 의도된 거리감이에요. 고객들이 이곳에서 자유로운 시간을 보내며 각자의 시퀸스를 만들어 가게 하기 위함이죠.

시퀀스 호텔은 호텔 이름에 영화에서 주로 쓰는 용어를 가져다 붙일 만큼, 공간의 콘텐츠화에 진심이에요. 이 호텔에서 체크아웃을 할 때, 영화의 주인공이 된 듯한 기분으로 여행을 했다는 생각이 든다면 혹은 여행하는 동안 쌓았던 추억의 씬들이 하나의 시퀀스로 남겨진다면 시퀀스 호텔의 진심이 통한 게 아닐까요?

14

패스 더 바톤

매장을 폐점한 후
더 잘 나가는 중고 제품 편집숍

| 경영 철학 | 컨셉 기획 | 사업 전략 | 수익 모델 | 브랜딩 마케팅 | 고객 경험 | 디자인 |

©패스 더 바톤

PASS THE
BATON

어느 나무꾼이 있었어요. 그에겐 소중히 아끼던 도끼가 한 자루 있었죠. 매일같이 사용하다 보니 도낏자루가 다 닳았어요. 그래서 새 나무로 그 자루를 바꿨죠. 또 한참을 쓰다 보니 도끼날도 무뎌졌어요. 이 또한 새것으로 교체했죠. 그렇다면 이 도끼는 원래 쓰던 헌 도끼일까요, 아니면 새 도끼일까요?

형태적으로만 보면 사실상 새 도끼예요. 도끼를 구성하는 모든 요소가 새 걸로 바뀌었으니까요. 하지만 이 도끼를 여전히 원래 쓰던 헌 도끼로 볼 수 있는 마법 같은 방법도 있어요. 이 방법을 이해하기 위해 故 이어령 선생님의 지혜를 빌려 볼게요. 삶과 죽음을 관통하는 24가지 질문에 대한 대담을 엮은 책 《메멘토모리》에는 아버지가 남긴 도끼 일화가 나오는데, 여기에서 답을 찾을 수 있죠.

"나무꾼이 숨을 거두면서 도끼 한 자루를 아들들에게 남겼지요. 아들들은 오랜 세월 아버지의 유품인 그 도끼를 소중히 써왔는데 도낏자루가 다 닳아서 새 나무로 그 자루를 바꿨어요. 그러다가 도끼날도 닳아 새것으로 바꾸었죠. 아버지의 도끼는 그 자루도, 도끼날도 없어졌는데 여전히 아들들은 그것을 '아버지의 도끼'라고 불렀습니다. 나무가 없어지고 쇠가 사라져도 '아버지 도끼'는 그래도 남아 있어요. 그게 불멸이지요."

《메멘토모리》중

도낏자루나 도끼날처럼 물질은 바뀌어도 물질에 부여된 의미와 상징은 사라지지 않는다는 뜻이에요. 이렇듯 어떤 스토리를 갖고 있느냐에 따라 같은 물건이라도 다른 물건이 될 수도 있고, 다른 물건이라도 같은 물건이 될 수 있어요. 스토리에는 의미와 상징을 나타내는 힘이 있는 거죠. 비즈니스에서도 마찬가지예요. 도쿄에서 시작한 '패스 더 바톤Pass The Baton'은 이를 비즈니스에 교과서처럼 접목했어요.

중고 제품 편집숍은 이야기를 싣고

패스 더 바톤은 셀렉트 리사이클 숍이에요. '새로운 재활용New Recycle'이라는 컨셉을 내걸었죠. 사용하던 물건을 재활용하는데 '새롭게' 재활용한다는 건 무슨 의미일까요? 패스

©시티호퍼스

더 바톤의 제품 분류 기준을 보면 힌트를 얻을 수 있어요.

리사이클^{Recycle}, 리메이크^{Remake}, 리라이트^{Relight}

패스 더 파톤이 물건의 가치를 새롭게 하는 3가지 방식이에요. 패스 더 바톤은 여느 리사이클 숍처럼 중고 제품혹은 흠이 있는 B급 물건을 취급하지만, 이 3가지 기준에따라 물건에 담긴 가치를 재발견하고 쓸모 있는 것들을 큐레이션해요.

개인이 사용하던 중고 제품은 '리사이클'해 새로운 주인

©시티호퍼스

©패스 더 바톤

을 찾아 주고, 정상가로 판매하기 힘든 B급 제품은 패스 더 바톤만의 리터치로 '리메이크'해 새 생명을 불어 넣으며, 철 지나 관심에서 멀어진 제품은 '리라이트'해 다시 한 번 주목받을 수 있게 해주죠. 단순히 중고 매매를 중개해주는 것이 아니라 가치를 더하는 역할을 하기에 패스 더 바톤이 제안하는 새로운 재활용이 설득력을 가져요.

#1. 개인의 고물을 보물로 만드는 방법

일본에는 '못타이나이' 문화가 있어요. 한국어로 번역하면 '아깝다'와 비슷한 단어인데, 과소비를 지양하고 물건을 아껴 쓰는 마음을 의미해요. 이처럼 절약하는 소비문화가 뿌리 깊게 자리 잡힌 데다가 장기간 경기 침체까지 겹치면서 일본에서는 중고 매매 시장이 발달했어요.

처음에는 명품처럼 고가의 제품이나 피규어와 같이 희귀한 제품들을 위주로 중고 매장이 등장했지만, 지금은 책, 옷, 전자제품, 가구 등 일상적인 제품들을 취급하는 중고 매장들을 쉽게 찾아볼 수 있어요. 심지어 '하드 오프Hard-off', '트레저 팩토리Treasure Factory' 등과 같이 분야별로 여러 중고 매장 브랜드를 보유한 그룹사도 있죠.

패스 더 바톤은 여러 중고 매장들 사이에서도 단연 돋

보여요. '바톤을 터치하다'는 의미의 브랜드 이름처럼, 단순히 중고 제품을 판매하는 것이 아니라 개인에서 또 다른 개인으로 가치를 전달하고 이야기를 이어가는 곳이죠. 그래서 패스 더 바톤은 각 중고 제품의 컨디션, 사이즈, 소재 등 객관적인 스펙과 함께 물건 주인의 사진과 그 물건에 얽힌 스토리를 보여 줘요.

패스 더 바톤에서 판매하는 곰인형을 예로 들어 볼게요. 이 중고 곰인형의 판매 페이지에는 주인인 '유카코 다나카'라는 사람에 대한 간략한 프로필이 있어요. 유카코 다나카는 오랜 시간 동안 테디 베어 컬렉터였고, 이 곰인형은 인터넷 경매에서 구입한 제품으로 독일 분단 시절에 만들어진 하만 테디[Harman Teddy] 사의 테디 베어라는 이야기를 함께 적어두는 식이죠. 히스토리를 몰랐다면 그저 낡은 곰인형에 지나지 않았을 텐데, 제품에 얽힌 이야기 덕분에 특별한 가치를 지니게 되었어요. 다음 사람에게 바톤을 넘겨주는 것처럼 물건에 담긴 개인적 문화[Personal culture]를 전달하는 거예요.

#2. 기업의 악성 재고를 독점 상품으로 만드는 방법
제조회사의 재고에는 의도한 재고가 있고 악성 재고가 있어요. 의도한 재고의 경우 판매를 위해 미리 만들어둔 재고로, 수요가 증가할 거라는 긍정적인 신호로 해석할 수 있죠. 하지만 악성 재고의 경우 수요가 없거나 제품이 불량이라 판매하지 못하는 재고를 뜻해요.

악성 재고는 기업의 수익에 악영향을 미쳐요. 동시에 사회적, 환경적 관점에서도 부정적인 결과를 가져오죠. 사용되지 않을 제품을 만드는 데에 자원을 낭비했을 뿐만 아니라, 결국 폐기되어 쓰레기가 늘어나기 때문이에요. 패스 더 바톤은 '리메이크'와 '리라이트' 방식을 통해 제조업의 이러한 악성 재고 문제를 개선해요.

먼저 리메이크는 약간의 하자로 판매하지 못한 재고 등에 패스 더 바톤의 작업을 더해 새로운 상품으로 재탄생시킨 것들이에요. B급으로 분류되어 판매하지 못한 '아마브로Amabro'의 소바 그릇과 간장 종지, 로고의 일부가 인쇄되지 않아 악성 재고로 남아 있던 '로디아Rhodia'의 메모 커버 등에 패스 더 바톤의 일러스트레이션을 입혀 유니크한 상품으로 업그레이드시키죠. 기능에는 문제가 없지만, 시각적 기준 미달로 쓰이지 못한 제품들을 리터치해 오히려 더 특별한 물건을 만드는 거예요.

리라이트는 주로 철 지난 패션 아이템을 다뤄요. 한 번

©패스 더 바톤

무대에 올랐던 제품에 다시 조명을 비춘다는 뜻이에요. 시즌이 지났다고 해서 제품이 본질적인 가치를 잃어버리는 건 아니죠. 그래서 패스 더 바톤은 지금 사용해도 디자인이나 스타일 측면에서 손색없는 제품들을 큐레이션해 다시 한번 소비자들과 만날 수 있는 기회를 제공해요. 고객은 뜻밖에 괜찮은 새 상품을 구매할 수 있고요. 이처럼 패스 더 바톤만의 관점으로 재발견한 제품들은 각자의 독특한 가치를 알아보는 새 주인과 만나 새 생명을 얻어요.

#3. 매장의 폐점을 브랜드 확장으로 만드는 방법

원래 패스 더 바톤은 도쿄 오모테산도와 마루노우치, 그리고 교토 기온에 3개의 오프라인 매장과 온라인 숍을 운영하고 있었어요. 그런데 도쿄의 두 매장은 2021년에 문을 닫았고, 교토 매장도 2022년 3월에 폐점했어요. 동시에 패스 더 바톤의 상징과도 같았던 개인 중고 제품 판매도 중단했고요. 그렇다면 패스 더 바톤이 망한 걸까요? 매장을 정리한 데에는 코로나19 팬데믹 여파도 있었겠지만, 패스 더 바톤이 과감하게 개인 중고 제품 판매까지 그만둔 데에는 다음 단계로 나아가기 위한 목적이 더 커요.

패스 더 바톤은 2019년부터 '일본의 창고를 비우자'라

©패스 더 바톤

는 테마 하에 '패스 더 바톤 마켓^{Pass The Baton Market, 이하 PTBM}'을
비정기적으로 열었어요. PTBM은 기업의 창고에 잠들어 있
던 규격 외품, 샘플, 반품 제품 등을 모아 판매하는 이벤트
예요. 창고를 비워 재고의 흐름이 바뀌면 기업과 지역에 새
로운 가능성이 열린다고 믿기 때문에 시작했죠. PTBM이
회를 거듭하며 규모가 커지자 과감히 매장 문을 닫고 마켓
^{PTBM}으로 비즈니스 모델을 전환한 거예요.

　여기에다가 4, 5, 6번째 PTBM 장소였던 고쿠요의 매
장형 오피스 '더 캠퍼스^{THE CAMPUS}'⊕가 2022년 한 해 동안
PTBM을 정기적으로 열 수 있도록 장소를 제공해 보다 안

TOKYO
이제 오피스는 재택 근무와 경쟁합니다
더 캠퍼스

정적이고 정기적으로 마켓을 운영할 수 있게 되었어요.

PTBM은 팝업처럼 2일간 개최해요. 마켓은 매장에 비해 규모를 더 키울 수 있는 등 공간의 제약에서 비교적 자유로워요. 또한 제조업 파트너사와 더 유연하게 협업할 수 있으며, 무엇보다 사람들을 모이게 만드는 힘이 세죠. 2022년 10월 기준 지금까지 총 9번의 PTBM을 진행했고, 2022년 12월에 10번째 PTBM을 준비 중이에요.

아홉 번째 PTBM에는 패션, 가구, 음식, 라이프스타일 등 다양한 분야의 54개 브랜드가 참여했어요. 2일간 방문객 수는 약 5천 명으로, 1시간 이상씩 줄을 서서 입장할 정도로 인기 있었죠. 수년간 패스 더 바톤 매장에서 쌓아 온 뜻을 매장 밖으로 확장하고 뜻에 함께하는 브랜드들을 모으자, 그 뜻에 공감하는 소비자들이 모인 거예요. 이처럼 뜻은 공감을 낳고, 공감은 강력한 집객 효과를 가져와요.

그런데 PTBM이 지속 가능하기 위해서는 패스 더 바톤에게 유의미한 수익원이 되어야 해요. 그렇다면 PTBM의 수익 모델은 무엇일까요?

PTBM은 참가하는 브랜드로부터 참가비와 매출에 따른 수수료를 받아요. 브랜드가 속한 분야마다 참가비와 수수료율이 다른데, 패션, 의류, 잡화 브랜드는 참가비 5만엔

약 50만원에 매출의 25%를 수수료로, 식음료 브랜드는 3만엔약 30만원의 참가비에 매출의 20%를 수수료로, 푸드 트럭은 참가비 없이 매출의 10%를 수수료로 PTBM에 지급해요. 여기에 더해 PTBM을 구경하려는 고객들로부터 1인당 입장료 300엔약 3천원을 받아요. 고객이 마켓에 입장해서 쓰는 평균 소비액은 3,500엔약 3만 5천원 정도죠.

이 정보를 바탕으로 수익을 계산해 볼게요. 우선 브랜드 참가비. 50개 이상의 브랜드가 참가했고, 이 중 패션, 의류, 잡화에 속한 브랜드의 비중이 70% 이상이니 브랜드 참가비로 200만엔약 2,000만원 정도의 매출을 올릴 수 있어요. 다음은 판매에 따른 수수료. 방문객 수와 평균 객단가로 추산한 거래액은 약 1,700만엔약 1억 7천만원 정도이고, 참가한 브랜드별 매출이 동일하다고 가정하면 매출에 따른 수수료 명목으로 약 370만엔약 3,700만원 이상의 수수료가 발생하죠. 마지막으로 고객 입장료. 입장료에다가 참가자 수를 곱한 금액이니 입장료로 약 150만엔약 1,500만원 정도의 매출을 일으켰어요.

이 3가지 매출을 더하면 720만엔약 7,200만원 정도죠. 장소는 PTBM의 사회적 의의와 강력한 집객력 덕분에 협찬을 받고 있으니 인건비나 운영비 등만 제외하면 수익이에요. 대략적인 수치이긴 하지만 2일 동안 열리는 마켓의 수익이 이 정도 수준이라면, 상시로 운영하는 매장과 비교해 비즈니스적으로도 더 나은 선택이 될 수 있어요.

브랜드를 넘어 무브먼트로

패스 더 바톤은 비즈니스 모델을 전환하면서 형태만 매장에서 마켓으로 전환한 게 아니에요. 브랜드의 컨셉도 새롭게 정의했죠.

'새로운 재활용 커먼스New Recylcle Commons'

패스 더 바톤이 브랜드의 새로운 챕터를 열며 내세운 컨셉이에요. '커먼스'란 전체 커뮤니티에 영향을 끼치거나 커뮤니티에 속한 사람들이 이용할 수 있는 토지나 자원을 일컫는 말로, 패스 더 바톤이 생각하는 새로운 재활용을 더 확장하고자 정립한 개념이에요.

역설적이게도 매장을 운영할 때는 오히려 매장에 갇혀 공간적 제약이 생겨요. 그리고 개인 중고 제품을 취급하는 것 또한 의미는 있으나 더 큰 스케일의 영향력을 만들기에는 한계가 있죠. 그래서 패스 더 바톤은 스스로가 하나의 커먼스가 되어, 기업의 악성 재고에 새로운 관점을 제시했던 기존의 리메이크, 리라이트를 확장해 더 나은 미래를 만들고자 한 거예요.

뜻을 확장한 PTBM은 패스 더 바톤뿐만 아니라 참가하는 모두에게, 더 나아가 산업과 사회에 긍정적인 효과를 가져와요. 참가하는 브랜드 입장에서는 재고를 처리하고 창고를 비울 수 있는 좋은 기회예요. 어차피 창고에서 자리만 차지하거나 폐기했을 제품들이니 보관비와 폐기 비용을 고려하면 참가비와 수수료를 내고도 PTBM에 참가하는 것이 더 이득이죠. PTBM에서 새로운 고객과의 접점이 생기는 건 물론이고요.

고객 입장에서는 구경하는 재미는 기본이고 퀄리티가 괜찮은 제품을 저렴한 가격에 구매할 수 있어요. 더 나아가 B급 제품을 소비하는 것의 사회적 의미와 만족감을 몸소 깨닫는 계기도 돼요. 이 깨달음은 미래의 소비 패턴에 변화를 가져올 가능성이 높죠.

패스 더 바톤은 이렇게 세상에 메시지를 던지고, 무브먼트를 만들어 내고 있어요. 사회적 의의와 사업적 성과를 동시에 이루어 낸 셈이죠. 오히려 매장 문을 닫은 이후의 행보가 더 궁금해지는 이유예요.

15

도쿄 리버사이드 디스틸러리

버려진 재료를 술로 살려내는,
세계 최초의 '재활용 양조장'

| 경영 철학 | 컨셉 기획 | 사업 전략 | 수익 모델 | 브랜딩 마케팅 | 고객 경험 | 디자인 |

©도쿄 리버사이드 디스틸러리

도쿄에는 '밤의 빵집'이 있어요. 저녁 7시에서 9시까지 2시간만 운영하죠. 매일도 아니에요. 일주일에 월, 목, 금요일 딱 3일만 간이매점 형태로 열어요. 시그니처 빵이 있냐면, 그렇지도 않아요. 빵 메뉴가 매번 바뀌어서 오픈하기 전까지는 어떤 빵을 파는지도 알 수 없죠. 그런데도 손님이 몰려요. 오픈하고 1시간 남짓이면 이미 매진이 될 정도예요. 이유는 이 빵집의 운영 방식에 있어요.

보통의 빵집에서는 마감 시간이 되면 세일을 해요. 당일 생산한 빵은 그날이 지나면 상품 가치가 떨어지기 때문이죠. 어차피 버려질 거라면 할인을 해서라도 파는 편이 나은 선택이에요. 밤의 빵집은 이렇게 다른 빵집에서 버려질지도 모르는 빵을 할인된 가격에 사서, 정가에 판매해요. 그것도 하나의 빵집이 아니라 여러 빵집에서 빵을 구해오죠. 그래서 영업시간도 보통의 빵집이 영업을 마무리하는 시간에 시작하는 거예요.

그 시간에 다른 빵집에 가면 싸게 살 수 있는데, 뭐하러

밤의 빵집에서 정가에 사는 걸까요? 우선 새로운 경험이에요. 여러 빵집의 남은 빵을 한 곳에서 고를 수 있으니까요. 물론 하나의 빵집에서만 가져왔다면 고객 입장에선 그 빵집에 가는 게 낫죠. 하지만 여러 빵집의 남은 빵을 모아두니 발품을 팔지 않아도 다양한 빵을 맛볼 수 있어요. 오늘은 또 어떤 빵이 있을지 기대하는 즐거움도 있고요. 여기에다가 버려질 빵을 구매하는 거니, 식량 문제에 기여한다는 기분도 덤으로 생겨요.

　　남는 빵이라고 맛이 떨어지는 건 아니에요. 함께하는 빵집들이 수준급이니까요. 프랑스에서 유학을 한 제빵사가 운영하는 '비버 브레드', 비건 전문 빵집 '유니버셜 베이크스 앤드 카페', 효모빵 전문점 '빵 오 스라레'와 같이 인기 있는 빵집들도 참여하고 있죠. 첫 지점을 오픈했을 때는 3개 빵집의 도움으로 시작했지만, 철학에 공감하는 사람들 덕분에 이제는 함께하는 빵집이 18개로 늘어났어요. 무슨 철학이냐고요?

밤의 빵집은 노숙인의 자립을 돕는 잡지인 '빅이슈'에서 운영해요. 노숙인의 자립과 식량 낭비라는 사회적 문제를 동시에 해결하기 위해 밤의 빵집을 기획한 거죠. 그래서 각 빵집을 돌면서 빵을 할인된 가격으로 사 오는 역할을 노숙자가 담당해요. 이런 철학까지 담겨 있으니 빵집도, 손님도 '돈쭐'을 내주며 따뜻한 응원을 보낼 수밖에요.

밤의 빵집이 버려질 처지에 놓인 빵을 가지고 새로운 수요를 만들었다면, 버릴 수밖에 없는 재료로 새로운 술을 만드는 곳도 있어요. 바로 '도쿄 리버사이드 디스틸러리$^{Tokyo Riverside Distillery}$'예요.

찌꺼기에서 발견한 양조장의 미래

도쿄 리버사이드 디스틸러리는 버려지는 재료나 술로 진^{Gin}을 만드는 양조장이에요. 사케를 만들고 남은 찌꺼기, 유통

©도쿄 리버사이드 디스틸러리

기한이 임박해 팔기 쉽지 않은 맥주, 커피콩의 껍질 등 쓸 수 없거나, 쓰기 어려워졌거나, 쓸모없던 재료로 술을 만들어요. 그래서 세계 최초의 '재활용 양조장'이라고도 불리죠. 이렇게 전에 없던 술을 만드는 회사인만큼 시작도 남달라요.

2020년 9월, 도쿄 리버사이드 디스틸러리는 양조장을 만들기 위해 크라우드 펀딩을 시작했어요. 목표 금액은 3백만엔[약 3천만원]. 찌꺼기로 만드는 술이라는 흥미로운 컨셉에 고객들이 반응했죠. 일본 크라우드 펀딩 사이트 '마쿠아케'에서 펀딩을 시작한 지 일주일 만에 목표치를 달성했고, 최종적으로는 600명이 넘게 참여하며 목표 금액의 3배가 넘는 1천만엔[약 1억원]으로 펀딩을 마무리했어요.

컨셉뿐만 아니라 퀄리티도 인정받았어요. 2021년 3월에, 진의 원조인 영국에서 주최하는 세계 진 어워드[The World Gin Award]에서 일본 최고의 진으로 뽑혔죠. 그것도 주조 면허를 딴지 불과 두 달만에요. 이거 한 번뿐이라면 초심자의 행운이라고 생각할 수 있지만, 그렇지도 않아요. 이어서 열린 세계 주류 경진대회[International Wine & Spirits Competition]에서는 일본 진 역사상 최초로, 최고 득점인 98점을 획득하며 주류 업계에 파장을 일으켰죠. 그런데 이 술과 매장, 실제로 만나면 더 놀라워요.

#1. 쓸모없는 재료의 근거 있는 쓸모

도쿄 리버사이드 디스틸러리에는 3가지 라인업의 술이 있어요. 각각의 라인업은 어떠한 종류의 버려지는 재료를 사용하는지에 따라 구분되죠.

① 사케를 빚고 남은 찌꺼기 - 라스트 시리즈
② 유통기한이 임박해 버려질 맥주 - 리바이브 시리즈
③ 껍질 등 처음부터 쓸 수 없는 부산물 - 에띠크 시리즈

첫 번째 라인업인 '라스트Last' 시리즈는 사케의 찌꺼기를 가지고 만든 술이에요. '라스트'라는 단어는 마지막이라는 뜻과 이어지다라는 뜻의 이중적인 의미를 가지고 있죠. 그래서 사케를 만들고 '마지막'으로 남은 사케 찌꺼기를 활용해 새로운 술로 탄생시켜 또 다른 삶으로 '이어준다'라는 의미를 담았어요.

사케는 쌀로 빚는 술이에요. 그런데 주조 과정에서 원료의 20~30%가 찌꺼기로 버려지죠. 일본에서 연간 10만 톤 정도의 사케를 생산하니, 약 2~3만 톤 가량의 사케 찌꺼

기가 나오는 셈이에요. 다른 곳에 쓰기도 어려워 대부분 산업 폐기물로 처리되는데, 도쿄 리버사이드 디스틸러리에서는 이를 폐기하지 않고 재기시켜요. 심지어 진을 맛보고 원재료가 되는 사케를 궁금해하고 주문하려는 사람들까지도 생길 정도죠.

두 번째 라인업은 '리바이브^{Revive}' 시리즈예요. 코로나19 팬데믹 시기, 강제 셧다운과 영업시간 단축 등으로 인해 술 소비가 급감했어요. 맥주도 예외는 아니죠. 그래서 생산은 되었지만 판매되지 않은 맥주가 창고에 쌓였어요. 맥주도 유통기한이 있어서, 일정 시점이 지나면 버릴 수밖에 없는데 도쿄 리버사이드 디스틸러리가 리바이브 시리즈를 통해 버려질 처지에 놓인 맥주를 부활시킨 거예요.

리바이브 시리즈의 첫 번째 제품 '리바이브 프롬 비어 Revive from Beer'는 '버드와이저'와 함께했어요. 버려지는 버드와이저를 진으로 증류한 세계 최초의 제품이죠. 이를 통해 버드와이저는 버려질 2만 리터의 재고를 처리할 수 있고 친환경적이면서도 힙한 이미지를 가져갈 수 있어요. 물론 도쿄 리버사이드 디스틸러리는 원재료를 저렴한 가격에 공급받을 수 있고요. 첫 번째 제품을 성공적으로 런칭하자, 맥주 회사들이 버려질 재고를 들고 찾아와요. '호가든' 등 다양한 맥주 회사와의 협업으로 이어지죠.

마지막 라인업은 '에띠크^{Ethique}'시리즈예요. 이 시리즈는
처음부터 버려질 운명의 재료를 사용해요. 카카오의 껍질,
표고버섯의 줄기 등 쓰인 곳도, 쓰일 곳도 없는 재료로 아로
마 가득한 진을 만들죠. 시그니처는 카카오 에띠크인데, 초
콜릿 가공 공정에서 폐기되는 카카오 껍질을 사용했어요.
그래서 진이지만 카카오의 풍미가 느껴지는 고급스러움이
있죠. 시리즈를 확장하면서 커피 원두 찌꺼기를 활용하는
커피 에띠크도 선보여요.

이처럼 사케 찌꺼기, 맥주, 카카오 껍질 등으로 술을 만
들었는데도 진으로서 오리지널리티를 인정받을 수 있는 이
유는 뭘까요? 진의 특성 덕분이에요. 소주는 쌀, 와인은 포
도 등 각각의 술에는 주재료가 있어요. 주재료가 없으면 그
주종으로 인정받기 어렵죠. 하지만 진은 공식적으로 정의
된 주재료가 없어요. 그래서 찌꺼기 등을 활용해 자유롭게
주조하더라도 정체성을 지킬 수 있는 거죠.

이렇게 새 술을 만들었으니 새 부대에 담아야겠죠? 도
쿄 리버사이드 디스틸러리는 새로운 방식으로 고객 경험을
설계해요.

#2. 진을 시음하는 새로운 방식, 시향

도쿄 리버사이드 디스틸러리는 2021년 7월에 오픈했어요. 도쿄의 쿠라마에 지역에 위치해있죠. 쿠라마에는 창고 앞이라는 뜻으로 예전부터 장인들의 거리로 유명했어요. 장인정신을 이으려 이곳에 터를 잡았죠. 3층 건물을 통째로 사용하고 있는데요. 1층은 증류소이자 진을 구매하거나 경험할 수 있는 매장, 2층은 도쿄 리버사이드 디스틸러리 진으로 다양한 칵테일을 선보이는 바, 3층은 진에 들어가는 향신료인 보타니컬을 키우는 옥상 가든이에요. 1층부터 가볼게요.

1층은 도쿄 리버사이드 디스틸러리의 진을 판매하는 곳이자 경험할 수 있는 공간이에요. 인도와 인접해 있고 부스 형태라 길을 걷다 부담 없이 구경할 수 있죠. 그런데 부스 가까이 가보면 전면에 향수병 8개가 나란히 놓여 있어요. '진 매장에 웬 향수병?'이라는 마음을 읽었는지, 직원이 친절하게 설명해줘요. '여기에 도쿄 리버사이드 디스틸러리에서 판매하는 진이 들어 있으니 시향을 해보라'고요.

시향을 요청하면 향수병에 담긴 진을 스펀지가 담긴 용기에 뿌려줘요. 손님은 술을 마시는 대신 용기를 코 근처로 갖다 대 향긋함을 즐기면 되죠. 이렇게 하니 술에 취하지

않으면서도 술이 가지고 있는 복합적이고 고유한 향을 느낄 수 있어요. 여러 종류의 술을 시향 해보는 것도 부담이 없고요. 가벼우면서도 새로운 방식으로 테스팅해 볼 수 있는 거예요.

도쿄 리버사이드 디스틸러리는 맛보기 경험뿐 아니라 제품도 향기와 연관시켜요. 라스트 시리즈는 '마시는 향수'로, 리바이브 시리즈는 '향기의 오케스트라'라고 표현해요. 사케의 진한 향이 향수를 연상시키고, 맥주와 진이 섞이며 내는 아로마가 오케스트라와 같이 조화롭기 때문이죠. 실제로 도쿄 리버사이드 디스틸러리의 진은 일반 진보다 더 많은 보타니컬을 사용해 향이 더 풍부하고 진해요.

이렇게 시향을 했으니 마셔보고 싶겠죠? 그래서 여기서는 도쿄 리버사이드 디스틸러리의 진을 베이스로 한 기본적인 칵테일, 진 토닉 그리고 진 소다를 맛볼 수 있어요. 라스트, 리바이브, 에띠크 시리즈 등에서 마셔보고 싶은 진을 고를 수 있죠. 물론 보틀로도 구매가 가능하고요. 더 제대로 경험하고 싶다면, 조금만 기다려보세요. 저녁 6시가 되면 건물 왼쪽에 있는 '스테이지Stage'라는 공간의 네온사인이 켜지니까요. 이제 2층으로 가볼게요.

#3. 익숙한 새로움으로의 초대

2층으로 올라가 보면 근사한 바가 있어요. 도쿄 리버사이드 디스틸러리에서 자체적으로 운영하는 곳으로, 그들의 진을 베이스로 한 술을 선보여요. 그래서 이름도 제품을 무대에 선보인다는 의미의 스테이지죠. 여기서는 라스트, 리바이브, 에띠크 시리즈를 온더락, 스트레이트 등 취향에 맞게 마실 수 있어요. 가격도 한 잔에 800엔약 8,000원에서 1,000엔약 10,000원 사이라 부담 없고, 진 플라이트Gin Flight 메뉴를 주문하면 2,000엔약 2만원에 3잔을 골라서 마셔볼 수 있죠.

이곳의 시그니처는 칵테일. 14가지의 오리지널 칵테일

이 있죠. 그런데 14가지의 칵테일 메뉴 중 13가지가 도쿄 리버사이드 디스틸러리 진을 기주로 이용했어요. 고객에게 다양한 칵테일을 선보이면서도, 자연스럽게 자사 제품을 홍보하는 방법이에요. 안정적으로 진을 소비할 수 있는 내부의 거래처를 만든 것은 덤이고요. 참고로 나머지 1개는 맞춤형 칵테일이에요. 기주, 맛 등을 고객이 원하는대로 만들어주죠.

시그니처 칵테일은 사용하는 진의 종류와 알콜 도수에 따라 나뉘어요. 그래서 취향에 맞게 진 베이스의 칵테일을 다양하게 마셔볼 수 있죠. '초콜리니'처럼 에띠크 진에 오렌

지를 곁들인 묵직한 고도수 칵테일도, '칵테일 프롬 비어'처럼 리바이브 진에 토닉을 섞은 상큼한 저알콜 칵테일도 즐길 수 있어요. 기주가 되는 진도, 칵테일을 만드는 레시피도 이곳에서 개발한 거니, 어떤 메뉴든 스테이지에서만 마실 수 있는 건 물론이고요.

또한 바에서 술만큼 중요한 요소는 요리예요. 이곳의 메뉴는 진에 어울리는 음식으로 구성되어 있어요. 미쉐린 3스타 레스토랑에서만 6년 동안 경험을 쌓은 쇼타 시라토리가 요리를 책임지고 있죠. 쿠라마에 이름을 딴 KFC Kuramae Fried Chicken, 제철 식재료의 타코, 국물이 진한 탄탄멘 등 종류도 다양해요. 무엇을 고를지 고민이 된다면 1,800엔약 1만 8천원에 3개 요리가 나오는 오마카세 메뉴를 선택할 수도 있죠.

한 가지 더. 스테이지에서는 오픈 1주년을 기념하며 한정판 '스테이지 진Stage Gin'을 선보였어요. 그런데 이 진의 재료로 사용되는 레몬 껍질, 어디서 많이 본 듯해요. 진 베이스의 칵테일을 만들 때 진의 쌉쌀한 맛을 상큼하게 잡아주는 레몬을 많이 사용하는데요. 이곳에서는 이렇게 즙을 짜고 남은 레몬 껍질까지 활용해 진을 만들었어요. 버려지는 재료를 부활시킨다는 철학을 1주년 기념 한정판에도 이어가는 거예요.

재료를 버리는 대신 고정관념을 버린다

컨셉 단계에서 크라우드 펀딩을 받아 시작한 도쿄 리버사이드 디스틸러리. 앞서 설명했듯 지금까지 여러 진을 상용화했어요. 하지만 여전히 현재진행형인 프로젝트도 있어요. 2021년 6월에 시작한 '나무의 술' 프로젝트예요. 나무를 연구하는 국립기관인 '삼림 종합 연구소'와 세계 바 어워드에서 입상할 만큼 실력 있는 바인 '벤피딕'과 함께 추진하는 일이죠. 어떤 재료로 술을 만드냐고요? 예상하셨겠지만,

목재예요.

그렇다고 살아있는 나무를 베거나, 쓸 수 있는 목재를 사용하는 것은 아니에요. 가구 등을 만들고 남은 목재나, 삼림 보존을 위해 인위적으로 벌목하는 간벌재를 쓰죠. 이 같은 폐목재를 분쇄하여 나온 찌꺼기를 도쿄 리버사이드 디스틸러리의 기술을 통해 새로운 술로 만드는 것이 목표예요. 세계 최초의 시도이기도 하고요.

쓸 수 없는 나무의 종류에 따라 새로운 맛과 향이 더해질 것으로 기대하고 있어요. 예를 들면 벚꽃 나무에서는 화려한 꽃 향이, 자작나무에서는 달콤한 숙성 향이 나는 식이죠. 원재료가 되는 고목의 수명이 길수록 그 깊이도 풍부해지고요. 버려질 재료로 진을 주조해 풍미를 다채롭게 살리는 방식은 이미 상용화한 시리즈와 일맥상통한다고 볼 수 있어요.

버려질 재료를 새롭게 부활시키는 도쿄 리버사이드 디스틸러리의 모든 발자국은 세계 최초일 수밖에 없어요. 컨셉 자체가 이미 세계 최초이니까요. 그래서 이 양조장이 또 어떤 버려지는 재료에 새 생명을 줄지 궁금해지죠. 이 세상에 버려지는 재료가 남아있는 한, 도쿄 리버사이드 디스틸러리의 증류기는 멈추지 않을 거예요.

어떤 행동의 끝에선
없던 미래가 기다립니다

꼬박 3년이 걸렸습니다. 다시 도쿄를 여행하기까지. 설렘을 안고 입국 수속을 마치니, 마스크를 쓴 헬로키티 포스터가 도쿄 방문을 환영해 주었습니다. 입이 가려져 있었지만, 부푼 마음을 가라앉히라고 소곤거리는 듯했죠. 느낌적인 느낌이 아니었습니다. 일본인은 가뜩이나 조용한 국민성을 가진 사람들인데 마스크를 쓰고 있으니 도시 전체가 고요했습니다. 여행의 기분도 덩달아 조용해졌습니다.

쾌적한 데시벨의 거리에서 눈에 띄는 건 택시였습니다. 영국의 '블랙캡' 택시를 닮은 검정 택시를 거리 곳곳에서 볼 수 있었죠. 기존의 각진 모양의 택시를 밀어내고 주류로 자리 잡는 듯했습니다. 코로나19 팬데믹 이전 대비 큰 차이가 있는 풍경 중 하나였습니다. 동시에 안타까운 장면이기도 했죠. 왜냐고요?

이 검정 택시는 위로 봉긋하게 솟은 모양이 특징입니다.

다른 차량 대비 천장이 높은 편이죠. 이러한 디자인의 택시를 늘린 건 도쿄 올림픽을 대비하기 위해서였습니다. 올림픽 기간 동안에 서양인 여행객이 몰려들 텐데, 상대적으로 키가 큰 그들이 좀 더 편하게 택시를 탈 수 있도록 천장을 높인 겁니다.

하지만 모두가 알다시피 결과는 참담했습니다. 코로나 19 팬데믹으로 올림픽 개최를 1년 연기하는 초유의 사태가 벌어졌고, 그렇게 열린 2021년 도쿄 올림픽은 관중 없이 치러졌습니다. 올림픽으로 경제적 도약을 꿈꿨는데, 도리어 수조원대의 손실을 입고 말았죠. 해외 관광객이 없었으니 택시의 변신도 무용지물일 수밖에요.

그럼에도 묵묵히 거리를 누비는 검정 택시를 보면서, 이내 생각이 바뀌었습니다. 안타까움 대신 '자기다움'이 보였으니까요. 도쿄는 원래 그런 곳이었습니다. 스스로가 몸담은 업에서 깊이를 추구하면서, 최고의 제품과 서비스를 내놓겠다는 장인정신이 사회 전반에 깔려 있죠. 택시업계에서 올림픽 특수를 누리려고만 하는 것이 아니라, 손님을 배려해 택시의 천장을 높인 것처럼요.

물론 모두가 그런 건 아닙니다. 하지만 세상에 무언가를 선보이는 일을 하는 많은 사람들이 이러한 마음가짐으로 일을 합니다. 그래서 존재감을 가지고 자기만의 세계를 구축해나가는 매장, 브랜드, 서비스 등을 곳곳에서 발견할 수 있는 도시죠. 그리고 각각의 존재감이, 묵묵하면서도 묵직한 흔적을 남기며 도쿄에 '조용한 활력'을 불어넣고 있었습니다. 이런 거리를 거닐다 보니 불현듯 광고 카피 하나가 떠올랐습니다.

'지도에 남기는 일'

마음이 쿵, 머리가 쾅 거리며 수집한 '타이세이 건설'의 광고 문구입니다. '너의 이름은'으로 유명한 '신카이 마코토' 감독과 함께 6편의 애니메이션으로 제작한 광고라 심미적인데, 심지어 철학적이기까지 합니다. 건설사로서 더 튼튼하게 혹은 더 멋지게 또는 더 효율적으로 짓는다는 걸 강조하는 대신, 업의 본질을 꿰뚫는 업의 정의를 하고 있어서죠. 동시에 지도에 남기는 일을 하기 때문에 장인정신을 가지고 만든다는 걸 말하기도 합니다.

그리고 여기에 퇴사준비생이 참고해야 할 메시지가 담겨 있습니다. 퇴사준비생은 회사가 혹은 일이 싫은 사람들을 뜻하는 게 아닙니다. 오히려 반대입니다. 자기 일에 열정적이고, 자기 주체성이 있으며, 미래 지향적인 사람들을 의미하죠. 회사나 일에서 하루빨리 탈출하고 싶은 FIRE[Financial Independence, Retire Early]족보다는 자기 일을 통해 의미를 찾고 지속가능한 성장을 추구하려는 자아실현족에 더 가깝습니다. 그래서 타이세이 건설 광고의 메시지를 이렇게 바꿔볼 수 있죠.

'세상에 흔적을 남기는 일'

퇴사준비생을 꿈꾼다는 건, 크건 작건 간에 자기다움을 가지고 세상에 흔적을 남기는 일을 하겠다는 뜻입니다. 결과가 어떻게 될지는 시간이 쌓여봐야 알 수 있습니다. 하지만 시간이 흐른다고 미래가 되는 것은 아니니, 도전하는 과정에서 부딪힐 여러 난관을 극복할 수 있어야 하죠. 쉽지 않은 길일 테지만 이 모험의 여정에서 《퇴사준비생의 도쿄 2》가 영감과 자극, 혹은 위로와 응원, 또는 꿈과 희망을 줄 수 있다면, 그것으로 충분합니다.

세상에 흔적을 남기려는 모든 퇴사준비생의 미래를 진심으로 응원합니다.

마지막 페이지를 덮기 아쉽다면? ⎯⎯⎯⎯⎯⎯→

이 책의 마지막 페이지와 이어진
〈시티호퍼스〉를 펼쳐보세요

책에는 꼭 마지막 페이지가 있어야 할까요? 물론 하나의 주제를 매듭짓기 위해선 마지막 페이지가 필요해요. 하지만 《퇴사준비생의 도쿄》를 비롯한 '퇴사준비생의 여행' 시리즈는 하나의 도시에 대해 마침표를 찍기가 어려워요. 도시는 계속해서 진화하고, 크리에이티브에는 끝이 없어서죠.

시티호퍼스 www.cityhoppers.co

'퇴사준비생의 여행' 시리즈와 연계된 온라인 멤버십 서비스예요.《퇴사준비생의 도쿄 2》에 담지 못한 도쿄 콘텐츠뿐만 아니라 뉴욕, 런던 등 다른 도시의 콘텐츠도 250개 이상 있죠. 퇴사준비생들을 위한 커뮤니티이자, 이 책의 마지막 페이지를 덮기 아쉬운 독자들을 위한 콘텐츠예요.

QR코드를 스캔하시면 마지막 페이지가 없는 책의 첫 페이지가 펼쳐져요. 여행을 떠나고 싶은 마음이 드는 건 덤이고요.

도쿄, 런던, 뉴욕, 방콕, 싱가포르 등
여행에서 찾은 비즈니스 인사이트를 이어보려면?

도쿄 바나나는 어떻게
도쿄 여행 선물의 대명사가 되었나?

©Tokyo Banana

100년 넘게 지칠 줄 모르는,
유리왕의 모험

하리오

©Harlo

'익숙한 불편'을 해결해
히트친 아이스크림 숟가락

15.0%

©15.0%

쇠락해가는 지역을 살리려,
족보를 따지기 시작한 굴 전문점

10백토리

©TEN

〈시티호퍼스〉 1개월 무료 쿠폰으로
더 많은 도쿄 콘텐츠를 보려면?

레퍼런스

01 장인간장

· 장인간장 홈페이지: https://s-shoyu.com
· 하겐다즈 일본 홈페이지: https://www.haagen-dazs.co.jp
· HAAGEN DAZS HANA MOCHI, WALNUT AND SWEET SOY SAUCE,
  Asian Consumer Intelligence
· 日本の伝統産業に光をあてる。「職人醤油」、高橋万太郎氏, Glocal
  Mission Times: https://www.glocaltimes.jp/6796
· 一世帯あたりの醤油の消費量, s-shoyu: http://bit.ly/3O9IcjC
· 키오케 간장 홈페이지: https://kioke.jp

02 더 라벨 프루트

· 더 라벨 프루트 홈페이지: https://fruit.the-label.jp
· 더 라벨 프루트 인스타그램: http://bit.ly/3EcPJcN
· 글로리 그룹 홈페이지: https://corporate.glory-global.com
· 小中学生の94%が「推しがいる」- 最新の推し活事情は?:
  http://bit.ly/3EeUUJi
· 推しが大画面いっぱいに!無料サービス充実の「ホテル推し会」が最高
  すぎた: http://bit.ly/3hNpOBa

03 #FFFFFFT

· #FFFFFFT 홈페이지: http://www.ffffft.com
· OOOT 인스타그램: http://bit.ly/3V2KG5Q
· マルジ 홈페이지: https://www.sugamo-maruji.jp/smp
· 한, 일 실버스트리트. 락희거리와 스가모거리, 브런치:
  http://bit.ly/3tz83Iw

- 일본 스가모 상가는 젊은이도 찾는 시니어 거리, 백세시대:
  http://bit.ly/3EbEbXl
- 世界中から白Tを集める噂の"白Tハンター"はダガヤサンドウにいた,
  Dagayasando Times: http://bit.ly/3tRaMx7
- 場所はまさかの歌舞伎町。白T専門店 が満を辞して 黒T専門店 をオー
  プン, inGeneral: http://bit.ly/3tvKYWW
- ここは、期待以上の1枚に出合う場所。白T専門店「 #FFFFFFT 」にしか
- ない顧客体験とは, XD: http://bit.ly/3TG0fiF
  Oxiclean x #FFFFFFT, Oxiclean: http://bit.ly/3TBHdtD
- #FFFFFFT for LAUNDRY 白 T 救星, Hypebeast:
  http://bit.ly/3Ob8LVx
- あの白T専門店が、白Tのレジェンドアイコンとコラボレーション,
  inGeneral: http://bit.ly/3tzMRSq

04 로열블루티

- Royal Blue Tea 홈페이지: https://www.royalbluetea.com
- わが社のお茶が1本３０万円でも売れる理由 (祥伝社, 吉本 桂子):
  http://bit.ly/3g3kObb
- Kotaki Rice & Future 홈페이지: https://www.kotakirice.jp
- 무라노코메 홈페이지: https://muranokome.theshop.jp

05 스마도리 바

- 스마도리 바 공식 웹사이트: http://bit.ly/3EaR4RE
- 0% 공식 웹사이트: https://www.0pct.tokyo
- 아사히 맥주 공식 웹사이트: http://bit.ly/3UHJiFJ
- 坂本純子, アサヒビールと電通デジタル、デジタル×リアル店舗で飲み
  方の多様化目指す, CNET Japan: http://bit.ly/3UYaXSv

- スマドリ「飲めない人」の声に寄り添ったSUMADORI-BAR SHIBUYAを
  オープン, Advertimes: http://bit.ly/3UFUt1P
- 정영효, "술 마시는 사람이 없다"…벼랑 끝 日 주류업계 살린 구세주 [정영효
  의 일본산업 분석], 한경: http://bit.ly/3hKOXfL

06 긴자 오노데라

- 긴자 오노데라 그룹 홈페이지: https://onodera-group.com
- 토류몽 홈페이지: https://onodera-group.com/touryumon/
- TV Tokyo 다큐멘터리 '가이아의 새벽 (ガイアの夜明け):
  http://bit.ly/3ObaRon

07 카페 론론

- 카페 론론 홈페이지: https://cafe-ronron.com
- 카페 론론 인스타그램: https://www.instagram.com/caferonron
- 에이블 홈페이지: https://www.able.co.jp
- 메종 에이블 홈페이지: https://maison.able.co.jp
- ひとり暮らしの女性が豊かに生きられる社会をつくりたい 〜MAISON
  ABLEブランドマネージャー・赤星 昭江さんインタビュー, Circular HR:
  http://bit.ly/3hFq6tD
- 回転スイーツって？　女子に人気なかわいいスイーツが回転寿司のよ
  うにまわる？　開店のきっかけとスイーツへのこだわり, Sweeten the
  Future: http://bit.ly/3AkUC2m
- 「女性初」が、ニュースなんかじゃなくなる日まで。 – ひとり暮らし女
  性応援ブランド『MAISON ABLE（メゾンエイブル）』がリニューアル,
  PR Times: http://bit.ly/3X4upyX
- 回転寿司ならぬ回転スイーツ！ 食べ放題できる原宿, Livejapan:
  http://bit.ly/3OoW6yJ

08 누루칸 사토

- 누루칸 사토 홈페이지: http://www.nurukan-sato.com
- 도쿄 레스토랑 팩토리 홈페이지: https://tokyo-rf.com/en
- What is "mori koboshi" and "mokkiri" when it comes to serving sake?, IKIDANE NIPPON: http://bit.ly/3TGbYh1
- 여름 맥주' 4℃가 가장 좋은 까닭은, 한국일보: http://bit.ly/3EamCHa
- 숲을 만들어가는 양조장, 일본 니가타 현의 기린잔슈조, 조선일보: http://bit.ly/3EyjxlM

09 하나노히

- 하나노히 공식 홈페이지: https://shop.hana.com
- 《사지 않고 삽니다》(정희선, 미래의창): http://bit.ly/3tzJQ4G
- 日比谷花壇、花のサブスクリプションサービス「ハナノヒ」のサービス向上へ一部月額プランを改定, NIKKEI: https://bit.ly/3hfNtKJ
- サブスクで3万人獲得　日比谷花壇の成功要因は実店舗にあり, NIKKEI XTREND: https://bit.ly/3VSgoU3

10 노즈숍

- 366 홈페이지: https://366-birthday.com/
- 노즈숍 홈페이지: https://noseshop.jp
- 노즈숍 인스타그램: http://bit.ly/3UGBhRy
  코구 홈페이지: https://ko-gu.com
- ノーズショップが新会社コーグで「日本にローカライズした香水」を作るワケ, Fashion Snap: http://bit.ly/3tBD0vz

11 와인 앳 에비스

· wine@ home page: https://wine-at.jp
· Z世代が殺到するワイン店の秘密　診断＆試飲で「体験」を詰め込む,
  Nikkei X Trend: http://bit.ly/3EeuAPp
· wine@KARTE: https://karte.wine-at.jp
· 미즈키오코 인스타그램: http://bit.ly/3hNRvtl

12 미야시타 파크

· Shibuya Hikarie, Skyscraper Center: http://bit.ly/3GI1fFY
· 独断と偏見で「2018年の渋谷」を振り返る, 渋谷文化:
  http://bit.ly/3UFnfQd
· Shibuya Crossing, Wikipedia: http://bit.ly/3Ef0sUp
· MIYASHITA PARK 홈페이지: http://bit.ly/3AjeCTj
· RAYARD MIYASHITA PARK 홈페이지: http://bit.ly/3tyZQnq
· SEQUENCE MIYASHITA PARK 홈페이지: http://bit.ly/3Gkh9A9
· 입체도시공원 개발을 위한 시사점 도출 (송지영/김세용, 대한건축학회 논
  문): http://bit.ly/3gfCErf
· 渋谷で空中公園と商業融合, 日経クロステック:
  http://bit.ly/3X3gTeV
· "次世代に繋ぐ横丁"で、新たなにぎわいの場を生み出す浜倉好宣が見
  渡す渋谷, MIYASHITA PARK: http://bit.ly/3X4IaO4
· 《믹스》 (브랜드보이 지음, 더퀘스트): http://bit.ly/3hzHe3V

13 시퀀스 미야시타 파크

· 이동진의 영화학개론 1화: https://youtu.be/kozCMru6Fs8
· sequence MIYTASHITA PARK: https://bit.ly/3Gkh9A9
· 『sequence MIYASHITA PARK』の特長, 三井不動産:

http://bit.ly/3hIMYZi

- 景色と音でまちとつながる都市型ホテル, Tecture Mag:
  http://bit.ly/3g9eoqN
- 街と"つながる"渋谷のホテル〈sequence MIYASHITA PARK〉を徹底紹
  介, Casa Brutus: http://bit.ly/3g4enEJ

14 패스 더 바톤

- 패스 더 바톤 공식 홈페이지: https://www.pass-the-baton.com
- 三越伊勢丹、中川政七商店も出展！倉庫に眠る商品を売りつくす
  『PASS THE BATON MARKET Vol.6』が間もなく開催, Yahoo Japan:
  http://bit.ly/3tzcaUY
- 表参道のリサイクル店「パスザバトン」閉店へ 今後「企業のモノ余り」に
  焦点, シブヤ経済新聞: http://bit.ly/3AiTsV0
- セレクトリサイクル「パスザバトン」丸の内店が閉店　事業部長に聞く
  これからの"もったいない"ビジネス, WWD Japan:
  http://bit.ly/3AGx6NN
- 《메멘토 모리》(이어령 지음, 열림원): http://bit.ly/3TH5D59

15 도쿄 리버사이드 디스틸러리

- The Ethical Spirits & Co. 공식 홈페이지: https://ethicalspirits.jp
- Night Bakery Gives Bread and Jobs to Those in Need, Tokyo
  Weekender: http://bit.ly/3E8WfkZ
- Achieving a circular economy in the sake industry, Japan Times:
  http://bit.ly/3O8pOYq
- 世界初となる "木のお酒" の生産販売へ挑戦！エシカル・スピリッツ ×
  鹿山博康（Ben Fiddech）によるプロジェクト『WoodSpirits』が発足,
  PR Times: http://bit.ly/3GfuIRz

퇴사준비생의 도쿄 2

초판 1쇄   2023년 1월 10일 발행
초판 4쇄   2025년 2월 10일 발행

지은이   시티호퍼스 - 이동진, 최경희, 민세훈, 정희선
펴낸이   이동진
편집   이동진
교정교열   김이화
디자인   김소미
인쇄   영신사

펴낸곳   트래블코드
주소   서울 종로구 종로3길 17, B206호
이메일   team@cityhoppers.co
출판등록   2017년 4월 11일 제300 2017 54호

ISBN   979 11 966077 7 7 03320
정가   18,800원